Weekend a
Barcellona

Weekend a...
Giunti Editore
Via Bolognese 165, 50139 Firenze
Tel. 0555062.1 - Fax 0555062.287
e-mail: guidgabb@giunti.it

Responsabile
Roberto De Meo

Redazione
Chiara Cacciarini

Testi
Carlo Unnia e Annamaria Orlandi

Aggiornamento
José Luis Martí Marmol

Progetto grafico
Leonardo Di Bugno

Realizzazione editoriale
Paola Agostini, Mariarosa Brizzi

Fotografie
Ufficio del Turismo Spagnolo, Roma
Corbis: © Patrick Ward, p. 3; © Sylvain Sonnet, p. 5, 64, p. 79; © Jack Hollingsworth, p. 34; © Andria Patino, p. 53, p. 68; © Jon Arnold, p. 72. Cuboimages: © Robert Harding, p. 10, p. 80; © John Warburton-Lee, p. 29. SIME: © Chris Warren/4Corners, p. 16; © Olimpio Fantuz, p. 48; © Dennis Johnsone/LonelyPlanet/SIME/SIE, p. 84. Veer: © Nito, p. 4, 60.

Cartografia
Sergio Biagi, Firenze
Stefano Benini, Firenze

www.giunti.it

Via Bolognese, 165 - 50139 Firenze - Italia
Via Dante, 4 - 20121 Milano - Italia
Prima edizione: febbraio 2005

Ristampa	Anno
5 4 3 2 1 0	2014 2013 2012 2011

Stampato presso Giunti Industrie Grafiche - Stabilimento di Prato

Weekend a Barcellona

GIUNTI

Indice

MAREMAGNUM

Dalla preistoria al dominio romano

Barkeno, in onore della potente famiglia punica dei Barca, fu il nome che Cartagine dette nel 237-236 a.C. al piccolo insediamento qui esistente; ma già durante la seconda guerra punica lo perse a vantaggio di Roma, che preferì però incrementare da un lato la greca *Ampurias* **(1)** e dall'altro, l'insediamento iberico ribattezzato *Tarraco* (l'odierna Tarragona). E fu proprio la "concorrenza" dei due abitati, a mantenere in secondo piano Barcellona. Successivamente i Romani consolidarono il nucleo urbano della colonia, situata nei pressi del monte Taber, ed elevarono mura tuttora quasi interamente conservate e visibili nel Barri Gòtic. Si iniziava così quell'espansione che avrebbe fatto di Barcellona una città importante del bacino del Mediterraneo

(1)

(2)

Le invasioni barbariche, la conquista islamica e la Marca Ispanica

Le mura erette dai Romani nel corso del III sec. a.C. per racchiudere l'abitato non resistettero però all'arrivo dei Visigoti, che, ribattezzatolo *Barcinora*, vi posero nel V sec. d.C. la propria capitale.

(3)

Ataulfo governò i Visigoti dal 410 al 415 d.C e proprio a Barcellona si spense in seguito alle ferite riportate in un agguato tesogli da avversari politici nelle scuderie del suo palazzo. Fu poi la volta dei musulmani **(2)**: la città cadde nelle loro mani nel 716, ma già nell'801, grazie a un accordo fra questi e Carlo Magno, ritornò in "mani cristiane", per essere inserita nell'812 nella Marca Ispanica dipendente prima dai re d'Aquitania e poi dai Franchi.

Dalla dinastia catalana a quella aragonese-catalana

(4)

È con **Vilfredo il Peloso (3)** che comincia la prima dinastia catalana. Alla fine del IX sec. la città inizia a consolidare il proprio predominio territoriale ed economico, scoprendo la sua vocazione marittima. Il suo vero affermarsi come potenza sia economica sia, soprattutto, politica avvenne nel XII sec., quando Ramón Berenguer IV, conte della città, sposò Petronilla, figlia del fratello del defunto Alfonso re d'Aragona. Le due casate si unirono così nel regno di Catalogna e Aragona, pronto a espandersi da un lato verso sud (annessione di Valencia) e dall'altro oltre i Pirenei, in Occitania; un dominio, quello nel sud della Francia, che fu di breve durata: già nel XIII sec., con la morte di Pietro il Cattolico nella battaglia di Muret (1213) e con la firma del trattato di Corbeil (1258) fra **Jaume I (4)** e la Francia, Barcellona – e con lei tutto il regno – fu infatti costretta a rinunciarvi.

I secoli dell'egemonia

Alla perdita di quei territori corrispose però, soprattutto per Barcellona, un'epoca di straordinaria prosperità economica, frutto dei commerci che la portarono ad avere possedimenti non solo in Nord Africa, ma anche in Sardegna e persino a ridosso di Costantinopoli. Di questo felice periodo la città porta indelebili segni nella Ciutat Vella, che proprio nel XIII sec. venne cinta da una nuova cerchia muraria e strutturata in funzione delle varie attività: nel Barri Gòtic **(5)** avevano sede le mas-

(5)

(1)

sime istituzioni e risiedevano le famiglie più importanti; attorno alla chiesa di Santa Maria del Pi **(1)** si svolgevano commerci e traffici; l'area del Raval aveva funzioni unicamente residenziali.

I secoli bui

Un primo avviso della futura crisi si può considerare la morte di re **Martí l'Humà** (1410), che, privo di eredi, costrinse la Generalitat, massimo organo governativo di Barcellona creato nel XIV sec., a nominare un suo successore: la scelta cadde sul figlio del re di Castiglia che, come primo esponente della dinastia dei Trastàmara, salì al potere nel regno catalano-aragonese ponendo i presupposti per il dominio su questo da parte della castigliana Madrid. Influsso che si fece sempre più consistente quando **Carlo V (2)** unì i regni di Castiglia e di Aragona, cosa che per Barcellona significò passare da capitale di un regno autonomo a capoluogo di provincia.

(2)

Questo fatto, unito alla scoperta dell'America (1492) da parte di Cristoforo Colombo **(3)** e al divieto impostole di partecipare ai commerci con il Nuovo Mondo, segnò l'inizio della decadenza della città, e l'avvio di quel sentimento anticastigliano e antimadrileno che avrebbe preso voce solo dalla seconda metà del XIX sec.

(3)

La Renaixença

La breve parentesi napoleonica costituì per Barcellona e Catalogna il motivo per riscoprire la propria diversità rispetto al resto del regno di Spagna. Una diversità che, grazie all'abrogazione del divieto ai commerci con il Nuovo Mondo, vide la rinascita della città dalla seconda metà del XIX sec., di pari passo al formarsi del movimento catalanista e allo sviluppo industriale: l'abitato, abbattute le mura nel 1859, "raddoppiò" la propria estensione con l'Eixample **(4)**, l'ampliamento destinato a ospitare le massime realizzazioni del modernismo, e nel 1888 accolse l'**Esposizione universale**. L'inaugurazione ufficiale ebbe luogo il 20 maggio e la fiera

(4)

(1)

vide la partecipazione di circa 400.000 visitatori provenienti da tutto il mondo. L'evento contribuì non poco allo sviluppo della città, favorendo il completamento di lavori rimasti fino ad allora incompiuti e promuovendo la realizzazione di nuove infrastrutture e servizi volti a dare un'immagine di modernità agli occhi dei turisti.

Le richieste di una maggiore autonomia approdarono all'istituzione della **Mancomunitat** nel 1914, allo scoppio della prima guerra mondiale che per Barcellona, grazie alla neutralità della Spagna, corrispose con un periodo di ulteriore crescita.

(3)

(2)

Dalla Repubblica a Franco

Tuttavia a seguito della dittatura del generale **Miguel Primo de Rivera (1)**, iniziata nel 1923, la Mancomunitat venne abrogata (1925). Poi, con la caduta della monarchia e la proclamazione della Repubblica (1931), la Generalitat **(2)** fu ristabilita, e con lei uno statuto di autonomia per la Catalogna. Il tutto venne nuovamente abrogato all'indomani della presa del potere da parte del generalissimo Franco **(3)** nel 1939, anno nel quale iniziò un secondo periodo buio per la città, privata di ogni autonomia e fortemente controllata.

La monarchia e verso il terzo millennio

Con la morte del dittatore (1975), la nuova Costituzione della rinata monarchia spagnola (1978) e il recupero della propria identità politico-culturale, Barcellona avviò la sua "rinascita" grazie al rilancio dell'economia e allo sviluppo del proprio comparto industriale che ne fece in breve tempo una delle più dinamiche e importanti città dell'Europa sud-occidentale. Designata come sede per i **Giochi olimpici** del 1992 **(4, 5)**, Barcellona consegnò alla storia un'edizione avvincente (basti pensare al famosissimo inno *Barcelona* cantato da Freddy Mercury e Montserrat Caballé), arricchita dal travolgente entusiasmo del pubblico spagnolo. Per i cittadini si trattava del primo grande avvenimento dopo la fine del franchismo e il ritorno alla democrazia e forse anche per questo motivo accolsero i giochi con passione e allegria.

(4)

Le Olimpiadi contribuirono molto allo sviluppo della capitale catalana. Negli anni intercorsi tra la designazione olimpica e il 1992 Barcellona si trasformò completamente, avviando il recupero di aree dismesse e la costruzione di avveniristiche infrastrutture **(6)**, ma soprattutto promuovendo ovunque nel mondo la sua immagine di città vivace e cosmopolita.

(5)

Barcelona'92

(6)

Notizie utili

Documenti

La ratifica degli accordi di Schengen da parte della Spagna fa sì che il recarsi a Barcellona per turismo o per affari non comporti più controlli di alcuna sorta alle frontiere per i cittadini dell'Unione Europea. Bisogna avere con sé la carta d'identità; anche nel caso di figli minori, a meno che non siano iscritti sul passaporto dei genitori. Per guidare è sufficiente la patente italiana, ma è richiesta la carta verde. Per l'assistenza sanitaria basta presentare la Tessera Europea di Assicurazione Malattia (TEAM) rilasciata dalla propria ASL.

Lingua

A Barcellona ci sono due lingue ufficiali: il catalano, più comunemente utilizzato, e il castigliano (lo spagnolo); nella stragrande maggioranza dei casi poi è facile comunicare anche in inglese, francese o tedesco.

Norme doganali e valuta

A seguito della libera circolazione delle merci e delle persone nei paesi dell'Unione Europea non vi sono più limitazioni quanto all'importazione e all'esportazione di oggetti personali; la cosa non vale, naturalmente, per i beni culturali (oggetti d'arte, antiquariato e antichità). Dal 1° gennaio 2002 la Spagna ha adottato l'euro, quindi non è necessario nessun cambio di valuta.

Clima

Poiché Barcellona si affaccia sul Mediterraneo l'inverno non è mai molto freddo, anche se può succedere che piova, mentre d'estate la proverbiale calura spagnola è mitigata dal mare.

In aereo e in treno

Meno di 2 ore di volo e, partendo da Milano o da Roma con **Alitalia** (si consiglia di informarsi chiamando il numero *062222* o consultando il sito *www.alitalia.com*) o **Iberia** (*tel. 902400500*, *www.iberia.com*), si arriva agevolmente ogni giorno all'aeroporto di Barcellona (*www.castelldefels.com/aeroport*); da qui il modo più comodo per arrivare in centro è il treno che parte dal terminal A e in città ferma all'Estació de Sants, a plaça de Catalunya, all'Arc de Triomf e a Clot. Esiste anche un servizio di pullman, in partenza dai terminal A e B e dal Pont Aeri, che in città fanno capolinea in plaça de Catalunya.

Arrivare in treno a Barcellona richiede poco più di 12 ore grazie al collegamento diretto garantito da Milano dal convoglio Salvador Dalí. Informazioni su orari e tariffe sia alle Ferrovie spagnole, **Renfe** (*tel. 902320320, www.renfe.es*), sia alle **FS** (*tel. 892021, 199892021, www.fs-on-line.it*), sia a **Rail Europe Italia** (*tel. 0229544950, fax 0229544991, www.raileurope.it*).

In nave e in pullman

Dopo alcuni anni, è stato ristabilito un collegamento via traghetto fra Genova e Barcellona, gestito **Grandi Navi Veloci** (*tel. 0102094591, www.gnv.it*).

Per le tratte Livorno-Barcellona e Civitavecchia-Barcellona la **Grimaldi Lines** offre una linea con corse giornaliere (*tel. 081496444, www.grimaldi-lines.com*).

Eurolines Italia organizza corse di pullman fra l'Italia e Barcellona con cadenze diverse nei vari periodi dell'anno: giornaliera in luglio e agosto (*tel. 0861.1991900, www.eurolines.com*).

Numeri utili

Ambulanza: *tel. 061*
Polizia: *tel.* 091
Polizia catalana: *tel. 088*
Guardia urbana: *tel.* 092
Emergenze: *tel. 112*
Pompieri: *tel. 080*

In auto

Sono poco meno di 1000 i km che separano l'Italia da Barcellona. Il percorso più tradizionale converge su Ventimiglia, da dove le autostrade che attraversano la Francia conducono alla frontiera di La Jonquera e, quindi, nella capitale della Catalogna. Alternativa è puntare su Nîmes attraverso le Alpi piemontesi: valendosi in ogni stagione del traforo del Fréjus e in estate dei tanti passi fra Torinese e Savoia. Sia le autostrade francesi che quelle spagnole sono a pagamento.

Notizie utili

Fuso orario e festività

Non ci sono spostamenti delle lancette per questioni di fuso orario.

Tre le tipologie di festività di Barcellona. La prima comprende quelle comuni all'Italia e a carattere prettamente religioso. La seconda quelle dovute all'appartenenza alla Spagna, come il 19 marzo (festa di San Giuseppe) e il 12 ottobre (giorno dell'Ispanità, della scoperta delle Americhe, della Virgen del Pilar e di Colombo). La terza, infine, quelle catalane e barcellonesi, come il 23 aprile (festa di Sant Jordi, patrono della Catalogna), l'11 settembre (festa nazionale della Catalogna) e il 24 (festa della Mercè, patrona di Barcellona).

Informazioni

Consolato generale d'Italia a Barcellona, *carrer Mallorca 270, tel. 90.2050141, fax 93.4870002.*

Ambasciata spagnola in Italia, *largo della Fontanella Borghese 19, Roma, tel. 066840401.*

Ufficio spagnolo del Turismo, *piazza di Spagna 55, Roma, tel. 066783106; via Broletto 30, Milano, tel. 0272004617; www.turismo, spagnolo.it.*

Oficines d'Informació Turística - Turisme de Barcelona, *plaça de Catalunya 17, plaça Sant Jaume, plaça dels Països Catalans, tel. 93.2853834* (per chiamare sia dalla Spagna che dall'estero), *www.barcelonaturisme.com, info@barcelonaturisme.com.*

Codice stradale

La circolazione automobilistica segue regole del codice della strada analoghe all'Italia. L'uso della cintura di sicurezza è obbligatorio. I limiti di velocità sono: 50 km/h in città (ma ci sono le cosiddette "zone 30" dove il limite è appunto di 30 km/h), 90 km/h sulle altre strade a eccezione delle statali (qui è 100 km/h), 120 km/h sulle autostrade. Il limite massimo di alcolemia permessa nel sangue è di 0,3 gr/l nei camionisti e di 0,5 gr/l negli automobilisti.

Telefono

Per chiamare dall'Italia un numero fisso di Barcellona si compone il prefisso internazionale della Spagna (**0034**) seguito dal numero telefonico dell'abbonato comprensivo del prefisso **93**, che non è invece necessario per cellulari e numeri gratuiti.

Per telefonare in Italia dalla Spagna si compone il prefisso internazionale dell'Italia (**0039**) seguito dal numero dell'abbonato comprensivo del prefisso.

Per quanto riguarda i telefoni pubblici, la quasi totalità degli apparecchi funziona sia con schede prepagate di diverso importo (in vendita presso i tabaccai) sia con monete; sempre dalle cabine è possibile usufruire del servizio Italy Direct per chiamate con addebito al destinatario (*900990391*).

Orari

Banche: *lun-ven. 9-14*, ma le Caixas restano a disposizione dei clienti anche il giovedì pomeriggio (*16-19*) e i Bancos aprono anche al sabato mattina.
Per gli orari dei **negozi**, vedi la sezione *Shopping*.
Uffici postali: *lun.-ven. 8.30-20.30, sab. 9.30-13.*
Musei: alcuni applicano l'orario continuato, altri sono aperti soltanto fino alle 14. Attenzione: molti osservano il riposo il lunedì, ma non sono pochi quelli che la domenica pomeriggio sono chiusi. Normalmente, le istituzioni più importanti sono visitabili dalle 10 al tardo pomeriggio, ma in estate l'orario è non di rado prolungato sino alle 20, quando non più tardi. Usanza barcellonese è che una domenica al mese l'ingresso sia gratuito ed esistono biglietti cumulativi per accedere a più musei.

Trasporti pubblici

Sono 8 le linee di **metropolitana** (di cui 3 di pertinenza della Ferrocarrils de la Generalitat de Catalunya, FGC), le cui stazioni sono contrassegnate da un rombo rosso o bianco con al centro una M bianca o rossa (nella guida le fermate sono indicate con il simbolo **M**); quasi 80 le linee di **autobus**. Per entrambi i servizi esistono biglietti di corsa singola e abbonamenti per 10 viaggi. Trasporti turistici sono il Bus Turístic, la Tramvia Blau, il Tibibús e il Tren Montjuïc.

Taxi

Per chiamare una vettura basta comporre uno dei seguenti numeri di telefono: *902222111* (gratuito); *93.2250000*; 93.2251000. Per vetture dotate di dispositivi per il trasporto di portatori di handicap, comporre invece il *93.4208088*.

Oggetti smarriti

In aeroporto, gli Uffici bagagli smarriti si trovano ai terminal T1 (*tel. 93.2596440*) e T2 (*tel. 93.2972464*).
Per gli oggetti lasciati in taxi chiamare il *902101564*.
Per oggetti smarriti alla Estació de Sants chiamare il *93.4956020*.

CAFE-BAR

Itinerario 1

Ciutat Vella e Barri Gòtic

Sebbene le mura romane e quelle trecentesche siano state abbattute, è attorno alla Cattedrale e al Palau Reial Major che batte il cuore più antico di Barcellona. Nella Ciutat Vella l'impianto viario è ancora quello della colonia romana, con le vie che si incrociano ad angolo retto. E nel Barri Gòtic si "respira" tuttora l'aria del tempo in cui la città era signora dei commerci nel Mediterraneo occidentale.

Itinerario 1

La chiesa più importante di Barcellona è dedicata a sant'Eulalia, la patrona della città, che qui fu martirizzata nel 304.

Catedral

La casa Padellás raccoglie i documenti che raccontano la lunga storia di Barcellona.

Museu d'Història de la Ciutat

LEGENDA

1 Plaça Nova
2 Catedral
3 Museu Frederic Marès
4 Plaça del Rei
5 Palau Reial Major
6 Museu d'Història de la Ciutat
7 Plaça Sant Jaume
8 Casa de la Ciutat
9 Palau de la Generalitat
10 Sant Just i Pastor
11 Santa Maria del Mar
12 Carrer Montcada
13 Museu Picasso
14 Palau de la Música Catalana

La chiesa, eretta nel XIV sec., è con la cattedrale uno dei migliori esempi di gotico catalano.

Santa Maria del Mar

(1)

1. Plaça Nova

Quando Barcellona si chiamava *Julia Faventia Augusta Pia Barcino*, cioè in età romana, il più importante ingresso all'abitato era in corrispondenza di questa piazza, che si apre là dove la cerchia muraria del III sec. a.C. si interrompeva per permettere il passaggio del *cardo maximus*. Il **portal del Bisbe (1)**, benché risalente al XII sec., ingloba due torri della porta un tempo qui presente, mentre la ca l'Ardiaca, che è parte del blocco di edifici sulla destra, fu costruita alla metà del XV sec. su parte del tracciato difensivo romano e dotata in un secondo tempo del portale rinascimentale.

2. Catedral

9-13.30 e 16-19; gratis lun.-sab., 8-12.45 e 17.15-19.30, dom. 8 -13.45 e 17.30-20

A santa Eulalia, patrona della città che qui fu martirizzata nel 304, è dedicata la chiesa più importante di Barcellona **(2)**, poco a est di plaça

(2)

Nova. Venne iniziata nel 1298, mentre era conte Jaume II il Giusto, sopra una basilica del IV sec. e su un luogo di culto romanico del 1058, e giunse a termine nel 1459. Tuttavia solo tra la fine del XIX sec. e gli inizi del XX fu dotata della facciata neogotica. All'esterno spicca, presso il transetto sinistro, la porta Sant Iu, appartenente alla chiesa romanica, come dimostrano le decorazioni; interamente gotica è l'abside poligonale (1379), dai caratteristici contrafforti, doccioni e pinnacoli.Gotico è l'aspetto dell'interno, impostato su tre navate con pilastri a fascio, coperto da volte a crociera e illuminato da vetrate del XV sec. **(3)**. Prima dell'inizio della navata destra, la capella del Sant Crist de Lepant i del Santíssim deriva il nome dal cosiddetto Cristo di Lepanto del XV sec. che, secondo la tradizione, venne issato sulla nave di don Giovanni d'Austria in occasione della battaglia di Lepanto (1573) contro i Turchi. La posizione un po' curva del Cristo sarebbe dovuta alla necessità di evitare un proiettile del nemico. La seconda cappella della navata destra è abbellita da un retablo (*SS. Cosma e Damiano*; 1450) in parte di Bernart Martorell. La navata centrale si prolunga nel tardotrecentesco coro, chiuso da un recinto, i cui rilievi in marmo di Bartolomé Ordóñez (1517) raccontano *Storie della vita di sant'Eulalia*; gli stalli all'interno vennero intagliati nel 1399 (coevo è il pulpito) e nel 1456-62. Di uno scultore italiano, forse allievo di Nicola Pisano, è il trecentesco *Sarcofago di sant'Eulalia* **(4)** nella cripta, che accoglie anche le tombe dei fondatori della chiesa romanica. Al secolo successivo risalgono le vetrate del deambulatorio, gremito di opere gotico-catalane (XIV-XV sec.) e barocche; meritano una segnalazione la *Trasfigurazione* del Martorell (1450) **(5)** nella terza cappella e il sepolcro in

(3)

(4)

(5)

(2)

(1)

alabastro del vescovo Ramón d'Escales del 1409 nella decima. Nel transetto sinistro, sotto l'organo è una testa di moro, legata all'antica tradizione di farle "vomitare" caramelle per i bambini in occasione di particolari ricorrenze. Annesso alla cattedrale è il chiostro **(1)**, aperto con un'insolita pianta ogivale nella seconda metà del XIV sec. e ultimato nel successivo. Sul getto d'acqua della fontana gotica nel tempietto vicino alla porta della Pietà, che in occasione del Corpus Domini viene addobbata di innumerevoli fiori, è uso porre il guscio di un uovo, detto "Ou com balla" (come balla l'uovo) **(2)**. Alcuni degli ambienti che affacciano sul chiostro ospitano oggi il **Museu de la Catedral** (*10-12.30 e 17.15-18.45*), con parti delle decorazioni della chiesa romanica, sculture e dipinti del XV e XVI sec., fra cui una *Pietà* di Bartolomé Bermejo del 1490.

(3)

3. Museu Frederic Marès

www.museumares.bcn.es
Mar. e sab. 10-19, dom. e festivi 10-15

Il palazzo che, a nord della Cattedrale, fu parte della residenza reale e sede dell'Inquisizione accoglie dal 1946 la collezione dello scultore Frederic Marès i Deulovol. Due i temi conduttori: da un lato la scultura **(3, 4)**, con preziosi esemplari dall'età romana al XIX sec. (notevoli le sculture in legno policromo medievali); dall'altro la ricostruzione della vita che si conduceva a Barcellona fra il XV e il XIX sec., fulcro della cosiddetta Col·lecció Sentimental che occupa il secondo piano.

4. Plaça del Rei

La Barcellona medievale, ricca per i traffici nel Mediterraneo, rivive in questa piazza **(5)** quasi alle spalle del museo, centro del potere già in epoca romana e divenuta poi anche fulcro dei commerci e degli scambi. A renderla uno dei luoghi più suggestivi della città sono le linee dei palazzi che la racchiudono, nei quali "convivono" elementi del romanico, del gotico e del rinascimento.

Due di questi stili si ritrovano nel **palau del Lloctinent del Rei**, il palazzo del Luogotenente del Re che, ancorché costruito fra il 1549 e il 1557, riprende ancora elementi del tardo gotico ca-

(4)

(5)

(1)

talano (timpani alle finestre del primo piano, doccioni e torrette sul cornicione) **(1)** e li fonde con altri già pienamente rinascimentali (patio interno su due piani e scalone coperto da un tetto in legno scolpito).

(2)

5. Palau Reial Major

Mar.-dom. 10-14 e 16-19; chiuso lun.

Sotto il nome di Palau Reial Major, sempre in plaça del Rei, si nasconde in realtà una serie di edifici che furono residenza dei conti di Barcellona e poi sede di tribunale; il primo nucleo del complesso è documentato già attorno al Mille e tutti i signori della città contribuirono ad ampliarlo. Dei tanti interventi succedutisi nei secoli si ha idea già all'esterno, dove la grande torre a cinque ordini di arcate sulla destra del prospetto risale al 1557, mentre la facciata vera e propria del palazzo unisce elementi duecenteschi (trifore e scalinata angolare) con altri gotici (arco sopra la scalinata e rosoni). Gotica è anche la vicina **Cappella palatina** o **di Santa Agata (2)**, eretta a cavallo fra il XIII e il XIV sec.

Sosta immancabile nella visita è il saló del Tinell (1359-70), il salone dove Ferdinando e Isabella di Castiglia avrebbero (secondo la leggenda) accolto Colombo di ritorno dalle Indie.

6. Museu d'Història de la Ciutat

www.museuhistoria.bcn.es
Mar.-dom. 10-20; festivi 10-15, dom. pomeriggio gratis; chiuso lun.

Un altro edificio storico, la poco distante casa Padellás (XV-XVI sec.) nella quale si fondono elementi architettonici gotico-catalani e rinascimentali, funge da contenitore espositivo per i documenti che raccontano la storia di Barcellona dall'epoca romana all'apogeo quattrocentesco **(3)**. Il viaggio si snoda cronologicamente dal sotterraneo all'ultimo piano dell'edificio, in quanto questo poggia su resti della città romana riportati alla luce dagli scavi; di quell'abitato si vedono l'impianto viario e le fogne, mentre di epoca imperiale sono una torre e una basi-

(3)

La letteratura catalana

L'autonomismo riconosciuto alla Catalogna dalla nuova Costituzione spagnola nel 1977 si basa non solo sul fatto che il catalano è una lingua diversa rispetto al castigliano, ma anche sull'antica tradizione letteraria di questa parte della nazione; una tradizione non tutta scritta a Barcellona (il primo scrittore di cui si conoscono il nome e il cognome – Ramon Llull – nacque, ad esempio, a Maiorca, e fra il XIII e il XV sec. fu soprattutto la zona di Valencia a vantare grandi scrittori), ma "riscoperta" proprio nella capitale nella seconda metà del XIX sec. nell'ambito della Renaixença. I primi testi in catalano risalgono al XII sec. e riguardano sia il campo giuridico sia quello filosofico e più genericamente letterario **(4)**, risentendo soprattutto ai primordi degli influssi della cultura provenzale; alcuni temi sono comuni a quelli presenti nel resto dell'Europa (la donna amata), altri documentano dell'arrivo della cultura umanistica italiana, altri ancora hanno carattere storico. Quando, con la scoperta delle Americhe e la sottomissione a Madrid, inizia la Decadència, la produzione letteraria si spegne, per risorgere con la metà del XIX sec. attraverso filoni quanto mai diversi: dalla poesia al teatro, dal romanzo al saggio, che preparano il ritorno della Catalogna, quanto a scrittori, fra le aree più feconde del vecchio continente.

(4)

(1)

lica paleocristiana. Dell'epoca successiva sono disegni, dipinti, ceramiche, sculture, ma anche documenti ufficiali come il *Llibre Verd* (un codice con i diritti dei cittadini risalente al XIV sec.) e gli *Usatges de Catalunya* **(1)**, gli statuti della città e dei territori da lei dipendenti (stesi nel 1484 ma risalenti addirittura al 1060) a illustrare il dinamismo politico e commerciale di Barcellona.

7. Plaça Sant Jaume

(2)

Il centro della Ciutat Vella, benché di aspetto ottocentesco (fu sistemato dopo l'incendio della chiesa omonima, abbattendo una parte del quartiere medievale), ha tale funzione praticamente dalle origini di Barcellona. Qui infatti si apriva il foro romano e si svolgevano le più importanti manifestazioni politiche; nel 1931 vi fu proclamata l'effimera Repubblica catalana. Tipico della piazza è, anche, il suo uso per feste **(2)** e come "pista da ballo" per la sardana.

8. Casa de la Ciutat

Sab. e dom. 10-14

Il palazzo, sede del Municipio (Ajuntament), chiude un lato di plaça Sant Jaume con un pro-

La sardana

Ricorda nei passi e nel ritmo alcuni balli tipici della Romagna la sardana, la danza nazionale catalana per definizione. Di solito la si balla nelle piazze più importanti delle città (nel caso di Barcellona plaça Sant Jaume, ma non solo), e chiunque può parteciparvi, inserendosi nel cerchio di persone **(3)** che già si muovono al tempo della musica (l'orchestra, in realtà una piccola banda chiamata *cobla*, è costituita soltanto da strumenti a fiato), alzando un braccio, stringendo con l'altro la mano del vicino e prendendo il ritmo. Ma bello è anche solo osservarla, soprattutto quando i ballerini indossano i costumi caratteristici: in particolare le *esparde-nyes*, una specie di espadrilles dotate di lunghi lacci che vengono fissati alla caviglia o fatti risalire lungo il polpaccio.

(3)

spetto neoclassico, realizzato nel XIX sec. con motivo a bugnato al pianterreno e con una balaustra di coronamento; sulla vicina carrer de la Ciutat si allunga l'originaria facciata principale, in stile gotico e particolarmente interessante per la decorazione delle finestre al primo piano. Basta accedere all'atrio per rendersi conto che le trasformazioni ottocentesche hanno coinvolto anche l'interno dell'edificio: questo spazio e le scalinate che portano ai piani alti sono infatti decorate da sculture moderniste di Frederic Marès i Deulovol e Joan Miró, e al 1928 risalgono gli affreschi nel saló de Cròni-

(4)

(5)

ques; tanti anche i rimaneggiamenti operati nel gotico saló de Cent **(4)**, corrispondente alla parte più antica dell'edificio (fu infatti innalzata nel 1373).

9. Palau de la Generalitat

Solo su appuntamento

Nel 1359 venne istituita la Generalitat, massimo organo politico e amministrativo della Catalogna e simbolo per antonomasia dell'identità di questa "nazione", e agli inizi del XV sec. si iniziò a costruire l'edificio dove avrebbe avuto sede, riutilizzando due strutture preesistenti. Al 1597 risale però l'attuale prospetto **(5)** su plaça

(1)

Sant Jaume, importante perché è l'unico esempio di architettura civile barcellonese tutta in stile rinascimentale (molti vi vedono richiami al romano palazzo Farnese); gotico-catalano è il fronte lungo carrer del Bisbe Irurita, corrispondente al nucleo originario del complesso, mentre agli inizi del XVII sec. furono realizzati i prospetti verso nord. Gioiello del gotico catalano viene giustamente definito il patio attorno al quale si struttura l'edificio: fu aperto nel 1425 da Marc Safont, l'architetto che ebbe l'incarico di costruire il palazzo, con un doppio ordine di archi slanciati e ribassati, e lo impreziosisce una scala diretta alla galleria del primo piano e alla capella de Sant Jordi (1432-34), dal prospetto gotico fiammeggiante – sempre opera del Safont – e dall'interno rivisitato in stile barocco nel 1620. Gotico e rinascimento si fondono nel pati dels Tarongers **(1)**, il patio degli Aranci aperto nel 1532-47.

(2)

10. Sant Just i Pastor

I signori di Barcellona che risiedevano nel Palau Reial Major ebbero dal 965 al XV sec. come luogo di culto riservato la vicina chiesa dei santi Giusto e Pastore, che si vuole sia la prima di Barcellona in quanto la si fa risalire al IV sec. Oggi si presenta in forme gotiche **(2)**, essendo stata iniziata nel 1342 e ultimata nel 1567, a eccezione della torre di sinistra in facciata.

11. Santa Maria del Mar

www.santamariadelmar.es
Lun.-sab. 9-13.30 e 16.30-20; dom. e fest. 10.30-13.30 e 16.30-20

La chiesa, che si scorge al fondo di quella carrer Argenteria, tracciata nel XIII sec., dove orafi e argentieri ebbero a lungo le proprie botteghe, contende alla cattedrale la palma di migliore esempio di gotico catalano. Venne eretta, su un luogo di culto documentato già nel 1009, nel XIV sec. da Berenguer de Montagut, che ideò un

Gli ebrei a Barcellona

Fautori di parte delle ricchezze e del dominio commerciale nel Mediterraneo vanto di Barcellona furono gli ebrei **(3)**, una delle comunità più numerose che fecero della città un crogiolo di genti. La loro presenza è storicamente documentata dal IX sec. nell'area nordovest della Ciutat Vella racchiusa nella cerchia muraria romana, dove ebbero le proprie case e fondarono l'Università, a lungo l'unica della Catalogna; nel 1243 il loro quartiere, detto Call (il nome ritorna in una delle vie del centro), venne chiuso entro un apposito muro, ma gli ebrei continuarono a essere protagonisti dei commerci, grazie al pagamento di forti tasse in cambio del controllo totale sulle tratte per il Nord Africa. E così fu sino alla fine del XV sec., quando vennero banditi da tutte le terre del regno.

(3)

complesso splendido pur nella semplicità della decorazione. Semplice infatti appare la facciata, ornata soltanto da un portale con statue e rilievi (i capitelli rimandano alle corporazioni marittime), da finestre ogivali, da un rosone, da due contrafforti e da altrettante torri ottagonali (quella sinistra è di fine XV sec., l'altra è moderna). E semplice si presenta l'interno **(4)**,

(4)

Pablo Picasso

(1)

Un legame di antica data stringe Barcellona e Picasso **(1)**, uno degli artisti più noti del XX sec. Andaluso per origini (era infatti nato a Málaga), fu proprio nella capitale della Catalogna, dove arrivò a 13 anni nel 1895, a muovere i primi passi in campo artistico; qui si rivelarono fondamentali nella sua formazione i corsi alla Llotia e la frequentazione del Els Quatre Gats **(2)**, al tempo stesso birreria, cabaret, sala espositiva e cenacolo del modernismo.
La sua prima "personale" alla galleria Vollard di Parigi (1901) preannunciò il suo decollo artistico, avvenuto in Francia; ma Picasso non dimenticò Barcellona e la Spagna, fonti d'ispirazione in quel cubismo che lo consacrò grande fra i grandi: tanto che vi soggiornò nel tempo più volte, partecipò a diverse mostre qui organizzate, accettò la commissione di *Guernica* al tempo della Repubblica e rappresentò la Catalogna a un'esposizione a Parigi nel 1946.

(2)

impostato su tre navate – di cui quella centrale alta il doppio delle laterali – secondo il modello delle *Hallenkirchen* nordeuropee e con abside cinta da deambulatorio; unico elemento decorativo sono infatti le vetrate, risalenti in parte al XV sec.
Presso l'altare principale sorge una statua gotica della *Madonna col Bambino*, con ai piedi un modellino di nave **(3)**.

12. Carrer Montcada

Se si vuole avere un'idea di come si presentasse una tipica via della Barcellona medievale è bene percorrere questa strada alle spalle dell'abside della chiesa, assurta già nel 1947 a monumento nazionale in quanto eccellente esempio di architettura laica gotico-catalana.
Le case che vi affacciano hanno di solito una facciata turrita, dietro la quale "si nascondono" l'abitazione e una struttura fortificata; i piani sono di frequente tre, ma il più importante è il primo, come

(3)

(4)

si deduce dalla decorazione delle finestre; fulcro interno dell'edificio è il patio. I migliori esempi di tale tipologia abitativa sono costituiti dal **palau Dalmases** (n. 20), che, benché riedificato nel XVII secolo, presenta ancora in facciata elementi gotici che si sposano a quelli barocchi (bello è il patio, dove in quello stile sono lo scalone e la fontana) e nasconde uno splendido cortile dove è un gradevole bar; il fronteggiante **palau Cervelló** in stile gotico fiammeggiante; e il **palau del Marqués de Llió** (XIII-XV sec.), oggi sede del **Museu Tèxtil i d'Indumentària** (*www.museutextil.bcn.es; mar.-sab. 11-19; dom. 11-20; festivi 11-15; chiuso lun.*), che attraverso 3000 capi d'abbigliamento, tessuti e accessori illustra l'evoluzione del modo di vestirsi dal IV secolo a oggi **(4, 5)**; spesso vi si allestiscono anche mostre temporanee a tema.

(5)

Il vicino e coevo palau Nadar accoglie invece il **Museu Barbier-Mueller** (*mar.-ven. 11-19; sab. 10-19; dom. e festivi 10-15; chiuso lun.*) **(6)** che propone una ricca collezione di oggetti appartenenti alle civiltà azteca, inca e maya e risalenti all'epoca della prima colonizzazione spagnola dell'America centrale e meridionale.

(6)

(2)

(1)

(3)

13. Museu Picasso

www.museupicasso.bcn.es
Mar.-dom. 10-20; chiuso lun.

È il museo più grande al mondo dedicato al pittore e occupa dal 1963 alcuni edifici gotici (XIII-XV sec.) lungo carrer Montcada , fra cui il palau Berenguer d'Aguilar **(1)**, attribuito a Marc Safont, e il palau Baró de Castelet i Meca. Le collezioni esposte sono frutto in parte di donazioni dello stesso Picasso, in parte del collezionismo del critico d'arte Jaume Sabartés e in parte del regalo di Jaqueline Picasso. Nelle

(4)

41 sale del percorso di visita si passa in rassegna ogni periodo artistico del genio spagnolo, da quello blu **(2)** alle ultime opere; impossibile non sostare davanti a capolavori come *Barcelona* o alla serie delle *Meninas* (1957) **(3, 4)**, celebri reinterpretazioni della tela di Velázquez conservata nel madrileno Museo del Prado.

14. Palau de la Música Catalana

www.palaumusica.org
Visite guidate 10-15.30, in ago. 10-18; in spagnolo, catalano e inglese

Ai margini della Ciutat Vella – e raggiungibile percorrendo via Layetana – si trova uno dei manifesti architettonici del modernismo, quel palazzo della Musica Catalana che Lluís Domènech i Montaner aveva costruito nel 1905-1908 – con l'aiuto, fra gli altri, di Josef

(5)

Puig i Cadafalch (1869-1956) e Jeroni Martorell i Terrats (1877-1951) – come sede della più importante "sala da musica" di Barcellona.
Oggi dell'edificio colpisce l'eccezionale palinsesto di decorazioni: un trionfo di archi, colonne, statue, rilievi e di quegli *azulejos* colorati che sono tipici della tradizione spagnola e che la Renaixença catalana aveva riscoperto. Enorme appare la sala da concerti **(5)** interna, coperta da un vasto lucernario e decorata con sculture in parte di Pau Gargallo (1881-1934).

Lluís Domènech i Montaner

Architetto, disegnatore, storico e politico, con Antoni Gaudí Montaner **(6)** fu tra quelli che resero famosa nel mondo la Barcellona di fine XIX-inizi XX sec. Nato e morto in questa città (1850-1923), fu uno degli architetti preferiti dalla borghesia cittadina, conquistata dalla sua capacità di fondere le tradizioni antiche con il nuovo desiderio di razionalità e con l'impiego delle più aggiornate tecniche costruttive; le stesse decorazioni floreali che caratterizzano i suoi edifi-

(6)

ci non ne nascondono gli spazi, ma sono al contrario pensate e realizzate in modo che questi siano più facilmente individuabili e comprensibili.

PORT DE BARCELONA

Itinerario 2

Ramblas, Porto e Ciutadella

Alla fama di città che ama divertirsi molto contribuiscono le Ramblas, l'infilata di viali che ha coperto il letto di un torrente (rambla deriva dall'arabo "ramla", che significa sabbia) trasformandosi dapprima in zona residenziale e poi in luogo del passeggio di Barcellona. Una passeggiata che, dopo il recupero dell'area portuale, continua sulla sponda del Mediterraneo e che culmina nei fasti degli edifici legati all'Esposizione universale del 1888.

LEGENDA

1 Plaça de Catalunya
2 Barri de Santa Anna
3 Rambla de Canaletes
4 Rambla dels Estudis
5 Rambla de Sant Josep
6 Hospital de la Santa Creu
7 Barri del Pì
8 Rambla dels Caputxins e plaça Reial
9 Rambla de Santa Monica
10 Drassanes
11 Passeig de Colom
12 Estació de França
13 Parc de la Ciutadella

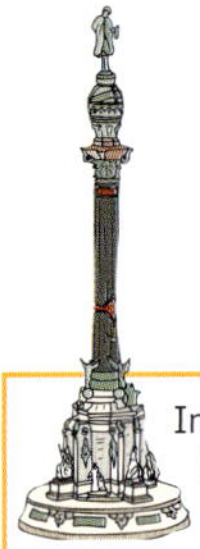

In plaça del Portal de la Pau svetta una colonna sormontata dal monumento dedicato a Cristoforo Colombo nel 1888.

Monumento a Colombo

In questo parco pubblico vennero concentrate le principali strutture legate all'Esposizione universale del 1888.

Parc de la Ciutadella

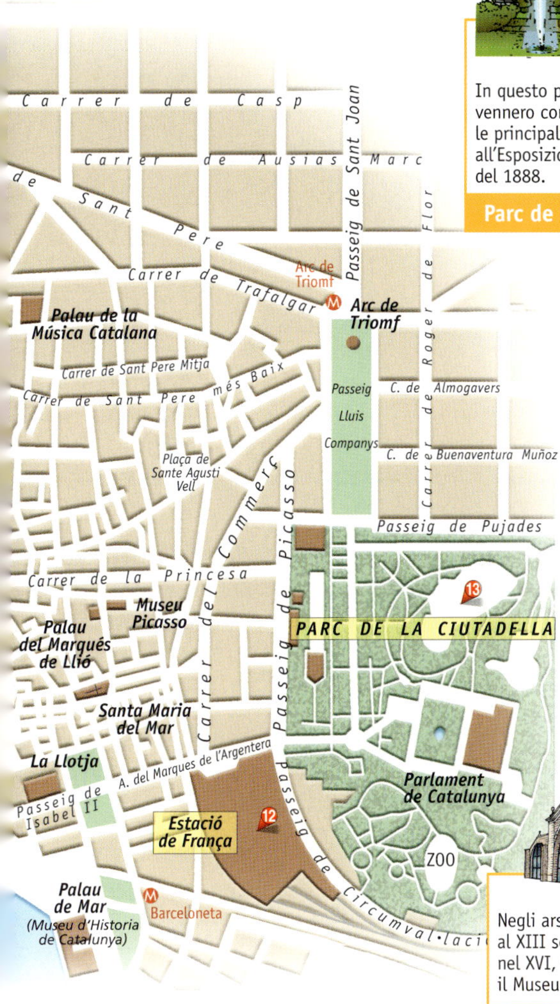

Negli arsenali risalenti al XIII sec. e rimaneggiati nel XVI, trova oggi sede il Museu Marítim.

Drassanes

(1)

1. Plaça de Catalunya

Il vertice settentrionale del lungo rettifilo delle Ramblas è una piazza **(1)** di ampie dimensioni, con una grandi fontane ornate di statue **(2)** e giardini pubblici, che dagli inizi del XIX sec. funge da punto di fusione fra la Ciutat Vella e l'espansione ottocentesca dell'Eixample. La grande folla che la caratterizza è dovuta al fatto che vi si incrociano molte linee di trasporto pubblico e che vi affacciano forse i più famosi – e certo fra i più antichi – grandi magazzini del capoluogo della Catalogna: El Corte Inglés.

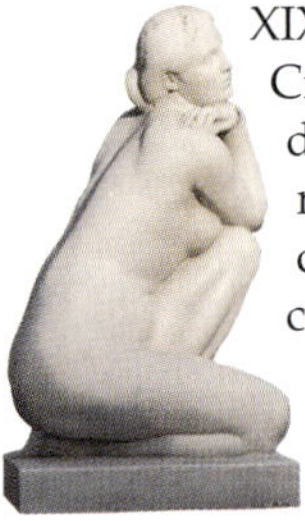

(2)

2. Barri de Santa Anna

Librerie, gallerie d'arte e centri culturali rendono assai affollato anche il quartiere di Sant'Anna subito a sud di plaça de Catalunya, inglobato nel XIII sec. nella cerchia muraria. Gli dà nome la chiesa di Santa Anna, le cui forme romanico-gotiche sono frutto della quasi completa ricostruzione dopo le distruzioni della guerra civile; al complesso conventuale di cui il luogo di culto era parte va riferito l'adiacente chiostro, aggiunto nel XV sec.

Ben più gremita di visitatori è, però, la poco distante carrer Montsió. E questo perché al n. 3bis si trova la modernista **casa Martí**, costruita nel 1896 da Joseph Puig i Cadafalch, che fu sede, nel seminterrato, del celebre Els Quatre Gats, il caffè punto d'incontro degli esponenti di quella corrente artistica, nel quale Picasso espose per la prima volta alcuni suoi dipinti nel 1900.

(3)

3. Rambla de Canaletes

Quando vi si sbocca da carrer Santa Anna, dopo aver osservato la modernista casa Elena Castellano (n. 21), si è già al termine di questa rambla, la più corta tra quelle formanti il celebre rettifilo; il suo nome rimanda alla **font de Canaletes (3)**, ora di aspetto ottocentesco (si vuole che bevendone l'acqua si "entri nello spirito" della città), mentre al secolo precedente risale la tradizione, tuttora in voga, di affittare sedie ai passanti che vogliano riposarsi.
Altro esempio di decorazione modernista è la farmacia Masó i Arumí.

La Barcellona di Pepe Carvalho

Pepe Carvalho è il nome dell'investigatore nato dalla fantasia dello scrittore barcellonese Manuel Vázquez Montalbán. L'eroe dei suoi romanzi **(4)**, solo all'apparenza definibili gialli, è un investigatore privato amante della buona cucina e delle belle donne, ma anche eccellente esperto della sua città, che sia per lavoro sia per divertimento conosce in ogni angolo: dai quartieri più eleganti ed esclusivi a quelli più desolati. Non di rado le sue indagini lo portano a percorrere le Ramblas, cuore pulsante del capoluogo della Catalogna che Montalbán ha così definito: "l'università" del calcio catalano, in quanto proprio nel tratto del viale corrispondente alla rambla de Canaletes si danno appuntamento i tifosi del Barcellona, impazzando in particolare quando la loro squadra del cuore ha battuto – meglio se sonoramente – l'"odiato" Real Madrid.

(4)

(1)

4. Rambla dels Estudis

I barcellonesi hanno coniato un soprannome assai affettuoso per il secondo tratto del rettifilo delle Ramblas: per via della presenza di una colonia di passeri e per l'antica tradizione che vede qui molte bancarelle vendere uccellini in gabbia **(1)**, la strada è infatti nota come rambla dels Ocells. Il suo nome "ufficiale" rimanda invece all'Università (l'Estudi General) qui fondata nel 1402, ma sono ben più tardi gli edifici di interesse che vi si visitano: la barocca església de Betlem fu costruita dai gesuiti nei secoli XVII-XVIII, mentre alla seconda metà del XIX risale il neoclassico palau Moja.

5. Rambla de Sant Josep

Non è difficile dedurre quale sia il soprannome di questo tratto delle Ramblas. Lo suggeriscono i tanti banchi di fiori (è infatti chiamata rambla dels Flors) **(2)**, unico ricordo del tempo in cui qui si teneva un mercato. Fu così dal XIII al XIX sec., quando venne aperto il **mercat de la Boqueria**, grande piazza all'aperto che

(2)

fu poi coperta e che tutt'oggi offre un interessante spaccato sulla vita in città **(3)**. L'edificio che lo precede immediatamente è il settecentesco **palau de La Virreina**, eretto nel 1772-77 per l'allora viceré del Perù ma così chiamato dopo la sua morte perché la moglie continuò a viverci; l'esterno è già pienamente neoclassico, il patio presenta un'insolita scalinata doppia, gli interni sono ancora di gusto tardobarocco. Sempre al mercato rimanda la **plaça de la Boqueria**, ornata da un mosaico pavimentale di Joan Miró (1893-1983) e dalla modernista **casa Bruno Quadros (4)**, eretta nel 1883 da Josep Vilaseca i Casanovas con una facciata decorata da ombrelli e ventagli per ricordare che vi aveva sede un negozio di tali oggetti.

(4)

(3)

6. Hospital de la Santa Creu

Al di fuori delle mura duecentesche ma in stretto collegamento con la città venne costruito l'ospedale della Santa Croce, interessante documento di architettura gotica iniziato nel 1415 ma rimaneggiato e ampliato sino al XVIII sec. Al XVI risale, ad esempio, il prospetto principale su carrer de l'Hospital, dove

(1)

rinascimentale è il portale mentre sia i doccioni sia le finestre rimandano alla costruzione del secolo precedente. Della struttura originaria era fulcro il patio interno, impostato nel 1417 su arcate ogivali, che è chiuso in parte da coevi corpi di fabbrica e in parte da edifici sei-settecenteschi.

7. Barri del Pi

Dietro l'infilata di case del lato sudest della rambla de Sant Josep si nasconde un'altra zona di Barcellona formatasi nel medioevo: il quartiere del Pino, il cui centro è costituito dalla chiesa di **Santa Maria del Pi (1)**, qui documentata già nel X sec., ma riedificata nell'aspetto attuale nel XIV-XV.

Caratteristica del gotico catalano è la semplicità della decorazione del prospetto, dove torricine angolari svettanti sopra un tetto senza copertura racchiudono il portale (la *Vergine col Bambino* nella lunetta è una delle migliori sculture barcellonesi del XIV sec.) e un rosone **(2)**; la stessa semplicità regna nell'interno, impostato su una navata unica coperta da volte a crociera e illuminata da alcune vetrate sei-settecentesche.

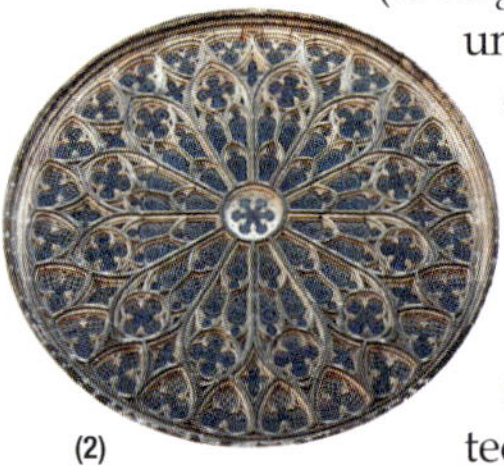
(2)

8. Rambla dels Caputxins e plaça Reial

Quello dei Cappuccini ricordato nel nome del viale era solo uno dei tanti complessi religiosi qui un tempo esistenti. Oggi, lungo la rambla forse più bella della città, il passeggio avviene al cospetto di edifici come il **Gran Teatre del Liceu (3)**, eretto nel XIX sec. ispirandosi alla Scala milanese, e più volte ricostruito (l'ultima nel 1994-1999).

(3)

Nel secolo in cui venne costruito per la prima volta il teatro, venne anche aperta la neoclassica **plaça Reial**, chiusa da portici e ombreggiata da palme, la cui decorazione – lampioni e fontana – fu uno dei primi "tentativi sul campo" di Antoni Gaudí, nel 1878 ancora studente. Per vedere una delle sue invenzioni più famose – e di poco cronologicamente posteriore – basta percorrere carrer Nou de la Rambla fino al **palau Güell (4)** (*inverno 10-18; estate 10-20; chiuso dom.*), dal 1984 patrimonio dell'umanità per volere dell'UNESCO, che venne eretto nel 1885-89 con una facciata alleggerita da archi parabolici e con un tetto gremito di statue dalle forme strane.

(4)

9. Rambla de Santa Monica

L'ultimo tratto delle Ramblas fu in realtà il primo a essere riservato al passeggio e ad accogliere edifici con funzioni residenziali già nel XVIII sec. Forme neoclassiche contraddistinguono il settecentesco palau Marc de Reus, mentre di un secolo più antico è il fronteggiante ex convento di Santa Monica, cui si deve il nome del viale.

(5)

10. Drassanes

Plaça del Portal de la Pau si apre là dove le Ramblas terminano in corrispondenza del porto e del mare. Lo spazio verde è ornato dal **monumento a Cristoforo Colombo (5)** (*nov.-apr. 10-18.30; mag.-ott. 9-20.30*), dedicato nel 1888 allo scopritore dell'America, che consiste in una colonna in ferro alta 60 metri e culminante in una statua dell'eroe. E su di esso affacciano, da sud, le **Duanes**, erette nel 1902 come sede della dogana con una pianta a U e con il tetto "abitato" da una sfinge e da animali mitologici, e i Drassanes, gli arsenali di cui Barcellona si dotò già nel XIII sec. e che vennero

(1)

(2)

ampliati nel XVI sec. Gli spazi interni, strutturati su grandi navate, rette da archi ogivali secondo i canoni dell'architettura gotica, hanno ancora oggi a che fare con le navi: non perché vi si costruiscano imbarcazioni, ma perché accolgono il **Museu Marítim (1)** (*www.mmb.cat; lun.-dom. 10-20*), meritevole di visita per la riproduzione della galera *La Real* (che fu a capo della flotta, guidata da don Giovanni d'Austria, che sconfisse i Turchi nel 1573 presso Lepanto), per i documenti e le ricostruzioni – anche di realtà virtuale – che illustrano il ruolo di Barcellona nei commerci del Mediterraneo. Alle spalle dei Drassanes corre l'avinguda del Paral·lel, così detta perché tracciata esattamente in corrispondenza del 39° parallelo, che segna il confine meridionale del barri Xino; in questo quartiere un po' malfamato, ma in via di recupero, si trova il monastero di **Sant Pau del Camp (2)**, fondato nel XIII sec. come ricorda il bel chiostro scandito da colonnine lobate che culminano in capitelli dalla decorazione a fogliame.

11. Passeig de Colom

Del rapporto un po' conflittuale di Barcellona con il mare questo lungo viale offre, con la sua storia, un esempio. Infatti ricalca la Muralla de Mar, eretta nel XVII sec. con funzioni difensive e abbattuta nel XIX. Solo nel secolo

Le golondrines

(3)

Dalle imbarcazioni **(3)** che partono dal porto presso plaça del Portal de la Pau si abbraccia la miglior vista dal mare del capoluogo della Catalogna. Il giro su questi natanti, il cui nome significa "rondini", dura poco meno di un'ora e va dal promontorio su cui si erge il castello di Montjuïc fino a Barceloneta, dove, se c'è tempo, si può sbarcare e fare una passeggiata a piedi.

(5)

successivo – e soprattutto con il recupero del parallelo moll de la Fusta – Barcellona si è riaffacciata al Mediterraneo, per secoli fonte della sua ricchezza, con spazi pedonali che oggi sono luogo di passeggio per le belle viste che offrono sul Port Vell, punto di shopping e di divertimento per il grande centro commerciale **Maremagnum (4)** con i suoi numerosi negozi, ristoranti e locali notturni, e luogo di cultura per il **Museu d'Història de Catalunya (5)** (*mar. e gio.-sab. 10-19; mer. 10-20; dom. e festivi 10-14.30*) dove le vicende della regione dalla preistoria fino ai giorni nostri sono raccontate con dovizia di particolari. Il museo si pone l'obiettivo di spiegare e diffondere la storia della Catalogna intesa come patrimonio collettivo e di conservare gli oggetti a essa legati per rafforzare l'identificazione dei cittadini con la propria storia. Approfondimenti specifici riguardano soprattutto le epoche del predominio catalano nel Mediterraneo, il decollo dell'industrializzazione e la conquista dell'autonomia in seno al regno di Spagna. A sinistra del passeig de Colom **(6)** si nasconde una chiesa assai frequentata dai barcellonesi: è la barocca **església de la Mercè**, dedicata alla Verge de la Mercè, altra patrona della città dopo sant'Eulalia, nella seconda metà del XVIII sec.; la statua che la raffigura risale però al XIV. Si è ormai al termine del passeig de Colom quando si vede la **Llotja**, il palazzo della Borsa che na-

(4)

(6)

sconde sotto l'aspetto ottocentesco dell'esterno un cuore medievale: il gotico salone delle Contrattazioni, diviso in tre navate da pilastri.

12. Estació de França

Delle manifestazioni a carattere mondiale che ebbero luogo a Barcellona tra la fine del XIX sec. e lo scoppio della guerra civile, l'Esposizione internazionale del 1929 fu foriera di grandi opere in città. Una di queste fu – al fondo dell'avinguda del Marques de l'Argentera – la nuova stazione ferroviaria per le linee provenienti dalla Francia, che al tempo risultò la più vasta del vecchio continente. La parziale riconversione della struttura vede oggi al suo interno persino un parco, ornato da una gigantesca vela in ceramica sulla quale i più piccoli possono arrampicarsi.

(1)

13. Parc de la Ciutadella

Per ribadire il potere castigliano sulla catalana Barcellona all'indomani della resa della città (11 settembre 1714), Filippo V fece costruire una fortezza, abbattuta dal 1873 e sostituita da un parco pubblico **(1)**, dove pochi anni dopo vennero concentrate le principali strutture legate all'Esposizione universale del 1888. Provenendo dall'Estació de França, l'ingresso è segnato, su passeig Picasso, dal Castel del Tres Dragons **(2)** – o, più correttamente, il Café-Restaurant – saggio di modernismo inventato da Lluís Domènech i Montaner. Vicini sono l'**Hivernacle**, una serra costruita per l'Esposizione da Josep Armagós Saramanch nel 1883-87 e caratterizzata da una struttura metallica che regge vetrate per tre campate, e l'**Umbracle**, altra serra dall'intelaiatura in legno di poco precedente. La cascata che impreziosisce lo spazio verde è un'inven-

(2)

Barceloneta

Esiste anche un volto del capoluogo della Catalogna legato al mare come luogo di sole e di bagni **(3)**. Non è poi molto lontano dal centro della città, ma distante quanto basta dalle strutture portuali per essere ambito luogo di ritrovo per famiglie ricche e importanti. È Barceloneta, nata lungo la costa a nordest del cuore medievale come villaggio di pescatori alla metà del XVIII sec. e scoperta dal turismo nella seconda metà del XIX; oggi è un quartiere che conserva un impianto a maglia ortogonale dove i vecchi stabilimenti balneari sono stati affiancati da esclusivi club sportivi. Qui sorge anche la chiesa di San Miquel del Port dalla facciata in stile barocco italiano.

(3)

zione di Josep Fontserè i Mestres, iniziata nel 1874 e completata nel 1888 anche grazie all'intervento di un giovanissimo Antoni Gaudí. Il suo tocco si riconosce nella grande quantità di figure allegoriche da cui escono degli splendidi giochi d'acqua.

Una parte del parco già nel 1892 venne riservata allo **Zoo** (*www.zoobarcelona.cat; inverno 10-18; estate 10-20*), celebre per l'unico esemplare in cattività di gorilla albino al mondo *Floquet de neu* o *Copito de nieve* (cioè fiocco di neve), morto a fine 2003 per un tumore alla pelle. I barcellonesi, che gli erano affezionatissimi, hanno perfino deciso di intitolargli una strada.

Per introdurre il complesso dell'Esposizione venne tracciato il passeig Lluís Companys, segnato da quell'**arc de Triomf (4)**, alto 30 m, che Josep Vilaseca i Casanovas eresse nel 1888 in mattoni riecheggiando lo stile *mudéjar*. I suoi rilievi allegorici celebrano il commercio, l'industria, l'agricoltura e infine l'arte.

(4)

Itinerario 3

Da plaça d'Espanya al Castell de Montjuïc

A due importanti momenti della storia di Barcellona del XX secolo sono legate le strutture che si affollano nel verde del colle, che domina dai suoi 212 m il centro della capitale della Catalogna: l'Esposizione universale del 1929, occasione nella quale il Montjuïc venne trasformato da cimitero/insediamento ebraico (da ciò deriva il nome) in polmone verde; e le Olimpiadi del 1992, motivo per la realizzazione di scenografici e modernissimi impianti sportivi.

Itinerario 3

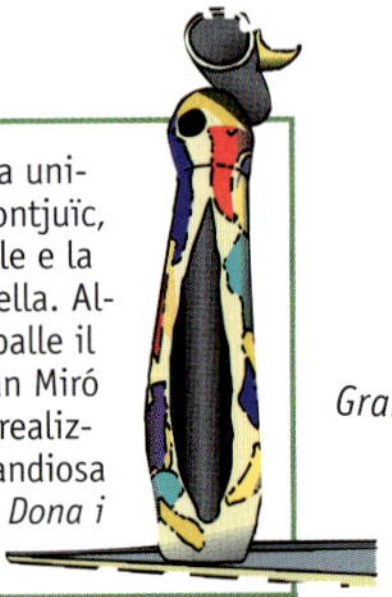

La piazza unisce il Montjuïc, l'Eixample e la Ciutat Vella. Alle sue spalle il parc Joan Miró che qui realizzò la grandiosa scultura *Dona i Ocell*.

Plaça d'Espanya

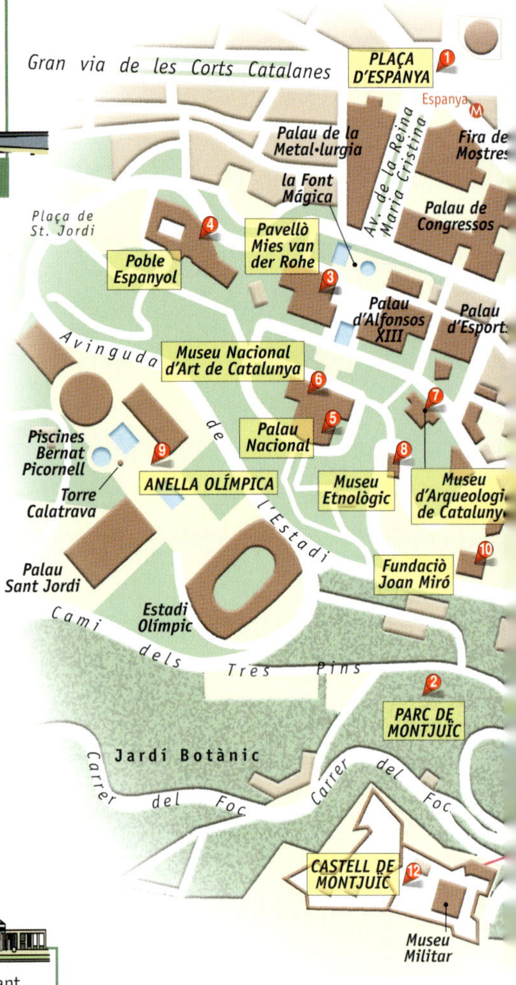

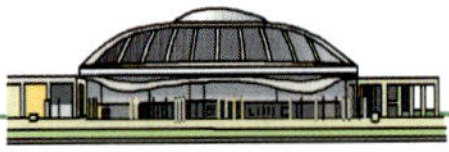

L'avveniristico palau Sant Jordi è un padiglione coperto da una cupola che si erge a 80 metri d'altezza.

Anella Olímpica

LEGENDA

1 Plaça d'Espanya
2 Parc de Montjuïc
3 Pavelló Mies van der Rohe
4 Poble Espanyol
5 Palau Nacional
6 Museu Nacional d'Art de Catalunya
7 Museu d'Arqueologia de Catalunya
8 Museu Etnològic
9 Anella Olímpica
10 Fundació Joan Miró
11 Miramar
12 Castell de Montjuïc

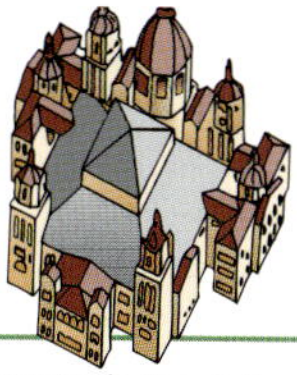

Ristrutturato da Gae Aulenti, ospita straordinari capolavori pittorici manifesto dell'arte catalana.

Museu Nacional d'Art de Catalunya

(1)

1. Plaça d'Espanya

Chi arriva a Barcellona in aereo entra in contatto con la zona monumentale della capitale della Catalogna in corrispondenza di questa piazza, che unisce idealmente il Montjuïc, l'Eixample e la Ciutat Vella. Ornata al centro da una fontana **(1)** del 1930 raffigurante la Spagna donata a Dio, si allarga verso nord in una piazza dove sorge un'edificio in stile arabeggiante del 1899, che un tempo ospitava le corride.

La fama di Barcellona è anche legata ai parchi, che non solo fungono da polmoni verdi in una città dal forte comparto industriale ma che sono anche luoghi di divertimento per grandi e piccini. Ne è un esempio il **parc Joan Miró** subito alle spalle dell'ex arena, dedicato al celebre pittore che qui realizzò la grandiosa scultura *Dona i Ocell* **(2)**.

Ha il nome di parco ma è più significativo come esempio di recupero di aree dismesse il poco distante **parc de l'Espanya Industrial (3)**, dove tutto parla in chiave tecnologica: le torri che uniscono funzioni di illuminazione e di belvedere, le strutture dalle linee futuribili che racchiudono ampi spazi, le sculture di artisti contemporanei, e persino il lago, artificiale.

2. Parc de Montjuïc

Le due torri **(4)** in stile veneziano che svettano sul lato sud di plaça d'Espanya fungono da introduzione alla zona che ospitò l'Esposizione universale del 1929, evento per il quale il colle di Montjuïc venne sistemato a verde, vide la costruzione di numerosi edifici e fu dotato di

(2)

(5)

giochi d'acqua. E sono proprio due lunghe fontane a risalire, lungo avinguda de la Reina Maria Cristina, le prime pendici della prominenza e a condurre alla **Font Mágica** (*mag.-set. gio.-dom. ogni 30 min. dalle 21 alle 23; ott.-apr. ven.-sab. ogni 30 min. dalle 19 alle 21*) **(5)**, invenzione di Carles Buigas in grado di "mescolare" spruzzi d'acqua e colori in oltre 50 combinazioni e "protagonista" di spettacoli musicali e di fuochi d'artificio.

(4)

(3)

(1)

3. Pavelló Mies van der Rohe

Tutti i giorni 10-20

Evitare la definizione di "caposaldo dell'architettura del Novecento" per l'edificio **(1)** che Ludwig Mies van der Rohe (1886-1969) progettò per l'Esposizione del 1929 è obiettivamente difficile. Perché il blocco, che stacca fortemente rispetto agli altri complessi del colle di Montjuïc per la semplicità delle linee e la struttura in acciaio, vetro e marmo, è un sag-

Mies van der Rohe

(2)

Si dice che van der Rohe (1886-1969) fosse una persona un po' lunatica o, meglio, che il suo genio fosse tale da farlo più volte astrarre, allontanandolo dalla conversazione e immergendolo in infinite speculazioni. È invece certo che l'architetto **(2)**, nativo di Aachen (Aquisgrana), fu uno dei massimi esponenti della scuola del Bauhaus **(3)**, che nella Germania della Repubblica di Weimar rivoluzionò il concetto di architettura facendone un'arte capace di fondere struttura e decorazione. Non sono molte le sue realizzazioni sia in Germania (padiglioni della Fiera di Stoccarda; Nationalteather di Mannheim) sia nel vecchio continente (per questo motivo è stato ricostruito il padiglione di Barcellona). L'esperienza del Bauhaus, di cui fu direttore dal 1930 al 1933, fu infatti troncata dall'avvento di Hitler, obbligando i maggiori esponenti di tale corrente a volare negli Stati Uniti, dove ebbero successo e molti seguaci.

(3)

gio di architettura realizzata secondo i principi del tedesco Bauhaus. Al tempo, però, non ci si rese conto dell'importanza della struttura, che infatti venne demolita alla fine dell'Esposizione, per essere ricostruita fedelmente solo nel 1986 ed essere adibita a centro di documentazione sulle tante realizzazioni dell'architetto nel mondo.

(4)

4. Poble Espanyol

Lun. 9-20; mar-gio. 9-2; ven. 9-4; sab. 9-5; dom. e festivi 9-24

Nell'ambito dell'Esposizione del 1929, tutta la parte occidentale del colle di Montjuïc venne riservata alla celebrazione della Spagna e del suo passato architettonico. Nacque così, su progetto di Xavier Nogués i Cases (1873-1940), questo complesso, dove vennero duplicati i più caratteristici edifici **(4)** medievali e rinascimentali delle più importanti città della nazione; tali edifici ricostruiscono una sorta di villaggio, centrato sulla piazza principale e articolato in una serie di vicoli, e ospitano sia laboratori artigianali sia istituzioni culturali come la **Fundació Fran Daurel** (*10-19*), che annovera tele, sculture **(5)** e opere grafiche del XX sec.

(5)

(2)

5. Palau Nacional

La lunga avinguda de la Reina Maria Cristina, le fontane che le corrono ai lati e la Font Mágica furono ideati in funzione di questo edificio **(1)**, il più importante fra quelli che vennero costruiti per l'Esposizione del 1929; ne fu progettista Enric Catà i Catà (1879-1937), che ripropose nella struttura simmetrica, impostata su un salone ellittico, l'eclettismo allora ancora in voga. Man mano che ci si avvicina, si nota come alla cupola centrale, che illumina il fulcro dell'interno, corrispondano due analoghe strutture più piccole e che ben quattro siano le torri.

6. Museu Nacional d'Art de Catalunya

Mar.-sab. 10-19; dom. e festivi 10-14.30
MNAC: così, secondo una moda che ricorda usanze statunitensi, è più noto il museo, nato nel 1934 – nel Palau Nacional – come Museu de Arte de Catalunya e solo nel 1990 divenuto Nazionale. Due anni dopo l'italiana Gae Aulenti ebbe l'incarico di ristrutturarne l'interno **(2)**, in modo da dare maggior risalto agli straordinari capolavori pittorici manifesto dell'arte catalana, che sono stati allestiti secondo criteri tipologico-cronologici.

(1)

Nel 1995 è stata riaperta al pubblico la sezione dei dipinti e delle sculture medievali. Ne sono splendidi esempi la *Lapidazione di santo Stefano* dalla chiesa di Sant Joan de Bohí; gli affreschi (XII sec.) dall'abside della chiesa di Ginestarre de Cardós; il *Cristo pantocratore* **(3)** e la *Vergine e gli apostoli* del Maestro di Taüll (1123) dalla chiesa di San Clemente di Taüll; e gli affreschi dello stesso artista e del Maestro del Giudizio Finale dalla chiesa di Santa María di Taüll.

(3)

Nel comparto della scultura in legno **(4)** spiccano i Crocifissi e le Maestà, fra cui la *Majestad Batlló* del XII sec.

Appena due anni dopo venne inaugurata la sezione sull'arte gotica, dove iniziano a predominare i frontali d'altare che rivelano i primi influssi dell'arte italiana (l'esemplare di Santa Coloma de Gramenet); ma è con il XV sec. che il gotico, ormai maturo, annovera i migliori esponenti catalani, come Bartolomé Bermejo (1450-98), Lluís Borrassá (fine XIV-inizi XV sec.), Jaume Huguet (seconda metà XV sec.) e Bernart Martorell (prima metà XV sec.).

(4)

Uno spaccato interessante sulla produzione pittorica europea fra il XV e il XVIII sec. la offre la Col·lecció Cambó, giunta al MNAC per dono di un finanziere e aperta al pubblico a partire dalla fine del 2004.

La collezione annovera opere italiane (*Monaco* di Antonello da Messina; *Il Battista* di Sandro Botticelli; *Ritratto di dama* riferito a Raffaello; *Fanciulla che si pettina* di Tiziano **(5)**; *Ritratto di dignitario veneziano* di Tintoretto; *Il ciarlatano* di Giovan Battista Tiepolo); francesi, fiamminghe (*La contessa d'A-*

(5)

(1)

(2)

(3)

rundel di Pieter Paul Rubens, **1**) e tedesche (*Scena galante* di Lucas Cranach il Vecchio, **2**). Non manca, naturalmente, la pittura spagnola, testimoniata da Diego Velázquez (*San Paolo*), Jusepe de Ribera detto lo Spagnoletto (*Martirio di san Bartolomeo*), Francisco Zurbarán (*Immacolata*) e Bartolomé Esteban Murillo (*Ritratto di gentiluomo genovese*). Recentemente ha accolto le opere del Museu d'Art Modern espressamente dedicato agli esponenti del modernismo – e del successivo *noucentisme* – in campo artistico. Lo spaccato cronologico di riferimento è abbastanza ristretto, poiché si va dalla fine del XIX sec. ai primi decenni del successivo. Ma notevole è il numero di opere, spesso firmate da pittori – come Marià Fortuny i Carbó (1838-74), Ramón Casas (1866-1902) e Santiago Rusinyol i Prats (1861-1931) – che si conobbero al celebre Els Quatre Gats; alcune opere appartengono ad altri grandi dell'arte barcellonese, come Joan Miró (1893-1983) **(3)**, Salvador Dalí (1904-89) **(4)**, e Antoni Tàpies (n. 1923) **(5)**. Accoglie inoltre i dipinti della Col·lecció Thyssen-Bornemisza.

7. Museu d'Arqueologia de Catalunya

Mar.-sab. 9.30-19; dom. 10-14.30

Un altro edificio nel Parc de Montjuïc costruito per l'Esposizione del 1929 (il palau d'Arts Gràfiques) accoglie le raccolte di archeologia volte a raccontare l'insediamento dell'uomo nella regione e nelle Baleari dal Paleolitico all'arrivo degli invasori Visigoti. L'esposizione segue criteri cronologici e si articola in sezioni che dalla preisto-

(5)

ria (notevoli le ceramiche di Guadix e i gioielli rinvenuti sulle isole) passano ai Fenici, agli Etruschi e ai Greci (la frequentazione e i contatti della Catalogna con questi popoli è documentata da statuette, buccheri e vasi compresi fra il VII e il IV sec. a.C.), per approdare alla Spagna provincia romana (di questo lungo periodo restano frammenti di affreschi, mosaici – quello con la Corsa al circo è del I sec. d.C. – ma soprattutto i reperti dello scavo di Empúries, colonia greca e poi romana da cui proviene il mosaico di Ifigenia considerato il documento romano più importante della Penisola iberica) e concludersi con l'avvento del cristianesimo (numerosi i sarcofagi paleocristiani) e l'arrivo dei Visigoti.

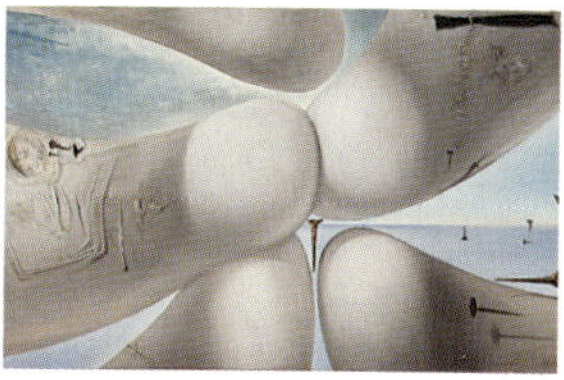

(4)

8. Museu Etnològic

Mer. e ven-dom. 10-14; mar. e gio. 10-19; chiuso lun.

Avendo la Spagna colonizzato quasi tutta l'America Centrale e Meridionale, è naturale che il settore più importante e interessante del museo **(6)**, allestito in un edificio del 1973 posto tra il museo archeologico e il Palau Nacional, riguardi il continente scoperto da Colombo; ricca è infatti la collezione di reperti che illustrano la cultura andina e amazzonica.

(6)

(2)

9. Anella Olímpica

L'organizzazione dei Giochi olimpici del 1992 **(1)** è stata, per Barcellona, una chance di primaria importanza per gettarsi alle spalle definitivamente il franchismo e riproporsi come seconda città della Spagna in diretta concorrenza con Madrid. Alcune delle strutture sportive riservate alle sfide furono concentrate nella parte sud del colle di Montjuïc, là dove già per l'Esposizione del 1929 era stato aperto lo **stadio** (*10-18*). Questo, che al tempo era il secondo in Europa per grandezza dopo il londinese Wembley, è stato ricostruito da un pool di architetti di cui ha fatto parte l'italiano Vittorio Gregotti, salvando della precedente struttura il trionfale ingresso **(2)** e l'*Auriga* di Pau Gargallo (1881-1934) lungo il prospetto principale. Opera del giapponese Arata Isozaki è l'avveniristico **palau Sant Jordi** (*10-18*) **(3)**, un padiglione coperto da una cupola che si erge a 80 metri d'altezza che ha conquistato

(1)

(3)

Vila Olimpica

Atleti, allenatori e giudici venuti da ogni parte del mondo per le Olimpiadi del 1992 hanno soggiornato in un villaggio olimpico **(4)** realizzato ex novo per l'occasione recuperando il quartiere di Poble Nou, a nord di Barceloneta. Nell'area, fino ad allora fortemente caratterizzata dalle industrie, gli architetti Oriol Bohigas i Guardiola e Josep Martorell hanno progettato un insediamento con 2000 appartamenti, affacciati sulla spiaggia appositamente recuperata e ampliata e su viali alberati, che al termine delle competizioni è divenuto una delle zone residenziali più ricercate del capoluogo della Catalogna, grazie anche alle infrastrutture legate al mare, fra cui il porto turistico e tante attrezzature sportive.

(4)

i barcellonesi diventando l'emblema della modernità del quartiere olimpico.
Altro simbolo del complesso è, di fronte alle piscine Bernat Picornell aperte nel 1973 e pure loro ristrutturate per i Giochi, la **torre Calatrava (5)**, che con i suoi 119 metri d'altezza segna lo skyline della città fungendo al tempo stesso da antenna per le telecomunicazioni e da meridiana (il suo fusto, leggermente inclinato, corrisponde all'angolo del solstizio d'estate).

10. Fundació Joan Miró

Mar.-mer. e ven.-sab. 10-19; gio. 10-21.30; dom. e festivi 10-14.30
A un amico e collaboratore del pittore, Josep Lluís Sert i López (1902-1983), si deve la costruzione, a nordest delle strutture olimpiche, dell'edificio sede della Fondazione Miró. L'architetto lo realizzò nel 1974 riuscendo a fondere linee moderne con elementi della tradizione mediterranea (cupole e archi) e con materiali antichi

(5)

(1)

(tegole e mattonelle); il risultato è un palazzo che si armonizza con l'ambiente circostante e che ben si adatta alle opere esposte nella parte riservata a museo **(1)**, dove si può percorrere l'intero cammino artistico del pittore ma anche osservare opere di maestri come Alexander Calder (1898-1976), Max Ernst (1891-1976), Henry Matisse (1869-1964) e Henry Moore (1898-1986).

11. Miramar

Il Trasbordador Aeri, cioè la cabinovia **(4)** che dal porto sale al colle di Montjuïc offrendo una vista della capitale della Catalogna sospesi fra mare e terra, approda presso la terrazza aperta in corrispondenza del vertice orien-

Joan Miró

Una delle figure più importanti delle avanguardie europee del XX sec., Miró (1893-1983) **(2)**riuscì a fondere spunti e influssi di tali correnti e, al tempo stesso, a creare un linguaggio nuovo, di cui elementi distintivi furono la grande forza espressiva, la spontaneità e la libertà. Proprio quest'ultima lo portò a concentrarsi sulla pittura, che nelle prime realizzazioni (circa 1915) risente dell'influsso del fauvisme e di Cézanne. Come per molti altri artisti del tempo, fu il contatto con il mondo parigino ad aprirgli nuove strade, anche a livello di tecniche pittoriche: scoprì infatti la carta e il collage, e, verso la fine degli anni Venti, la ceramica e l'incisione, dopo le quali si avventurò nei campi della litografia a colori e dell'incisione su legno. Con gli anni Cinquanta il suo stile si fa più diretto, per certi versi più forte e brutale, e non si ferma la voglia di sperimentare; è questo il periodo in cui Miró scopre la scultura **(3)**, per approdare infine a realizzazioni fatte di stoffa e pittura, sempre caratterizzate da colori vivaci.

(2)

(3)

(5)

tale della collina; un punto panoramico per eccellenza, per questo gremito da visitatori a ogni ora del giorno e della notte.

12. Castell de Montjuïc

Apr.-set. 9-21; ott.-mar. 9-19

La storia di Barcellona dal XVI sec. in poi è segnata da sfortunate ribellioni contro l'autorità centrale rappresentata da Madrid. Il complesso che veglia da sud sul centro della città e sul suo porto fu voluto nel 1640 da Filippo IV dopo che l'abitato si era posto sotto la protezione della Francia. Questo spiega la sua pianta, scandita da bastioni, che grazie alla presenza di batterie costiere **(5)** rendeva la fortezza praticamente imprendibile. Non a caso il fortilizio servì sempre come luogo da cui controllare la città, spesso ribelle all'autorità castigliana, ed ebbe anche a lungo funzioni di carcere; motivo per il quale è per i barcellonesi il simbolo dell'autorità castigliana.

(4)

Itinerario 4

Eixample e i momumenti esterni

Simbolo per eccellenza della Renaixença di Barcellona è il quartiere dell'Eixample, che corrisponde all'ampliamento della città avvenuto all'indomani dell'abbattimento delle mura (1859). Si tratta di una vera e propria seconda Barcellona, impostata dall'ingegner Ildefons Cerdá i Sunyer (1815-76) su un regolare impianto di vie che si incrociano ad angolo retto e formatasi fra il 1870 e il 1936 senza i molti spazi verdi previsti nel progetto; tanti sono invece gli esempi di modernismo, legati sia a palazzi privati che a infrastrutture pubbliche.

È l'edificio più noto della zona, realizzato da Antoni Gaudí nel 1905-1907 reinterpretando un preesistente palazzo.

Casa Battló

Richiama edifici del Nordeuropa e le forme del gotico la casa Ametller, per la quale Josep Puig i Cadafalch inventò un frontone a gradoni.

Casa Ametller

LEGENDA

1 Passeig de Gràcia
2 Manzana de la Discòrdia
3 Casa Batlló
4 Editorial Montaner i Simon
5 La Pedrera
6 Avinguda Diagonal
7 Casa de les Punxes
8 La Monumental
9 Sagrada Família
10 Hospital de Santa Creu i de Sant Pau
11 Park Güell
12 Tibidabo
13 Monestir de Pedralbes
14 Finca Güell
15 Palau de Pedralbes

Nell'arena per le corride è allestito il Museu Taurí che illustra l'arte del *torear*.

La Monumental

1. Passeig de Gràcia

Il viale **(1)** è l'asse centrale del Quadrat d'Or, la parte dell'ampliamento urbano dove si insediò la borghesia; lungo quasi 1,5 km, è interamente ombreggiato da una quadruplice fila di platani e illuminato di notte da lampioni **(2)** degli inizi del XX sec., sotto i quali i barcellonesi e i turisti passeggiano intenti a rimirare le vetrine dei negozi (si trovano infatti lungo questa strada le migliori boutique della capitale della Catalogna) e le facciate degli edifici modernisti.

(2)

2. Manzana de la Discòrdia

Davvero insolito il soprannome coniato per il terzo isolato lungo il lato sinistro del passeig de Gràcia: "pomo della Discordia", in quanto su questo spazio, che come tutti quelli dell'Eixample è formato dai fronti smussati dei palazzi (in catalano *chaflán*), "si sfidano" ben tre palazzi opera di altrettanti famosi esponenti del modernismo.
Di Lluís Domènech i Montaner è la **casa**

(1)

(5)

(3)

Lleó Morera (al n. 35) **(3)**, eretta nel 1906 richiamando – in scala ridotta – il palazzo della Musica Catalana. Cinque anni dopo (1911) Enric Sagnier i Villavechia eresse la casa Mulleras (n. 39), dove il **Museu del Perfum** (*lun.-ven. 10.30-13.30 e 16.30-20; sab. 11-14, chiuso dom.*) **(4)** si intona perfettamente al carattere esclusivo del quartiere con la ricca mostra di essenze da tutto il mondo.
Richiama edifici del Nordeuropa e le forme del gotico l'adiacente (n. 41) **casa Ametller (5)**, per la quale Josep Puig i Cadafalch inventò un frontone a gradoni ricoperto da una ricercata decorazione in piastrelle di ceramica.

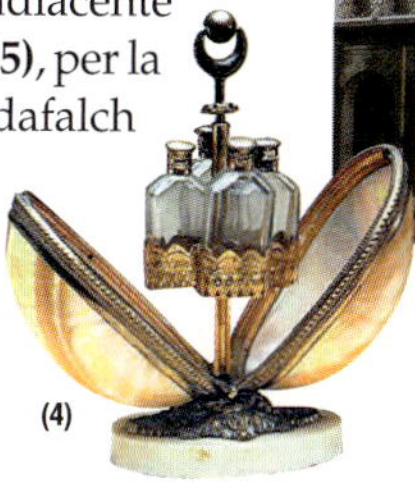

(4)

3. Casa Batlló

Tutti i giorni 9-20

Della Manzana de la Discòrdia è, senza ombra di dubbio, l'edificio più noto quello che Antoni Gaudí realizzò nel 1905-1907 reinterpretando, per l'omonimo industriale tessile, un preesistente palazzo.
Nonostante l'abbondanza di elementi decora-

Il modernismo

(1)

(2)

(3)

Avvicinare questa corrente allo stile Secessione austriaco, allo Jugendstil tedesco, all'art nouveau francese o al liberty italiano è "togliere" qualcosa a un filone dell'arte e dell'architettura della fine del XIX e degli inizi del XX sec. che non fu solo l'apoteosi dell'estetica. Comune a quelle correnti fu il desiderio di stupire con decorazioni fantasiose, eleganti ed elaborate **(1, 2, 3)**, ma nel caso del modernismo non si può tralasciare il fatto che fu la forma d'arte che espresse la rinascita della città dopo tanti secoli di decadenza, la ritrovata posizione di primo piano nella Spagna e il ruolo di avanguardia innovatrice e aperta agli influssi esterni.

tivi e di forme diverse, comunica una sensazione di eccezionale leggerezza.

Dalla facciata ondulata **(4)** sporge la galleria del primo piano, sorretta da colonne e con splendide vetrate alle finestre; la profusione di colore dei piani superiori, ottenuta attraverso l'impiego di ceramiche spezzate e di vetri, si sposa ai celebri balconi in ferro a forma di maschera; il tetto è costituito da tegole in ceramica che compongono una sorta di drago fantastico e la torre circolare culminante in una croce a quattro braccia.

(4)

(5)

4. Editorial Montaner i Simon

Fu dalla casa editrice della madre che Lluís Domènech i Montaner ebbe il primo incarico in città: costruire la nuova sede dell'azienda **(5)**. E l'architetto la realizzò nel 1877-85, creando uno dei primi esempi di modernismo che usa in facciata, con funzioni di cortina, ampie vetrate e che rimanda al passato spagnolo in alcuni elementi decorativi e ornamentali come rosoni e busti; il tutto, però, sfruttando le più aggiornate tecniche costruttive. La scultura sul tetto (*Núvol i cadira*, cioè "nube e sedia", **6**) avverte il visitatore che all'interno dell'edificio ha sede dal 1989 la **Fundació Antoni Tapies** (*mar.-dom. 10-20*), dedicata a uno dei più importanti artisti contemporanei nativo di Barcellona, dove sono esposte numerose sue opere **(7)**.

(6)

(7)

5. La Pedrera

Nov.-feb. 9-18.30; mar.-ott. 9-20

Questo è il nome con il quale è più nota la casa Milà, con la quale Gaudí rivoluzionò nel 1905-1910 il modo

(1)

di concepire strutturalmente un condominio residenziale. Dichiarata già nel 1984 patrimonio dell'umanità dall'UNESCO, si presenta all'esterno **(1)** con un prospetto in pietra che riesce a dare leggerezza a tale materiale grazie alle onde che lo movimentano, alle finestre che

(2)

(3)

paiono scavate nella pietra e hanno gli stipiti arrotondati e ai balconi che, sempre circolari, sono decorati da ringhiere in ferro battuto a motivi floreali. A chiudere in alto l'edificio è una terrazza popolata da bianche figure fantastiche **(2)** e anche il tetto, dal quale spuntano camini, ha andamento sinuoso.

Le tozze colonne ricoperte in pietra che sorreggono la facciata ritornano

anche all'interno, dove si uniscono a pilastri in metallo che permettono una disposizione completamente nuova degli spazi interni, in quanto non vi sono pareti di sostegno all'edificio.
L'**Espai Gaudí**, che occupa parte della Pedrera, è naturalmente volto a illustrare l'opera dell'architetto (è infatti una sorta di museo virtuale sulle realizzazioni dell'architetto e disegnatore); interessante è anche la visita di un appartamento, arredato secondo il gusto degli inizi del XX sec. **(3)**.

6. Avinguda Diagonal

Se la Gran Via de les Corts Catalanes, che nei pressi di plaça de Catalunya costituisce il limi-

Antoni Gaudí: architetto e disegnatore

(4)

(5)

Oggi è considerato un grande dell'architettura di fine XIX-inizi XX sec., nonché il più importante esponente del modernismo. Ma Antoni Gaudí (1852-1926) **(4)** fu anche aspramente criticato per l'audacia e la singolarità delle sue invenzioni, che persino in una città come Barcellona, pronta alle innovazioni e al cambiamento, apparvero non di rado eccessive. È che il suo concetto di architettura, formatosi anche sugli insegnamenti del francese Viollet-Le-Duc e sulle letture dell'inglese John Ruskin, vedeva come un unicum indivisibile struttura e decorazione **(5, 6, 7)**: tanto che Gaudí non può essere definito solamente un architetto, ma anche disegnatore, in quanto solo così – grazie al disegno di particolari come ferri battuti, vetrate, mosaici, ceramiche e qualsiasi altro elemento decorativo – le sue invenzioni potevano prendere forma compiuta.

(6)

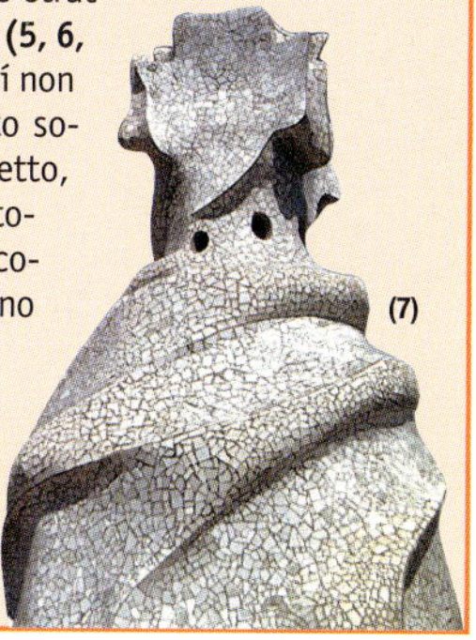
(7)

(1)

te meridionale del quartiere dell'Eixample, è lunga ben 7 km, questo viale **(1)** arriva addirittura a 8 e si segnala a sua volta per i numerosi edifici modernisti.

(2)

Il primo che si osserva è, proprio in angolo col passeig de Gràcia, la **casa Baró de Quadras** (n. 373) **(2)**, frutto della ristrutturazione di un più antico edificio condotta da Josep Puig i Cadafalch nel 1904-1906. Sotto l'influsso di Gaudí, Salvador Valeri i Pupurul realizzò nel 1911 la fronteggiante **casa Comalat** (n. 411), dalla facciata in pietra culminante in un frontone che ricorda il berretto di Arlecchino.

(3)

Per osservare la prima opera di Gaudí ancora "fresco di laurea" basta proseguire, dall'incrocio fra passeig de Gràcia e avinguda Diagonal, per carrer gran de Gràcia sino a carrer Carolines, dove al n. 22 la **casa Vicens** (1883-85) **(3)** ha l'aspetto di una torre, dove predomina il motivo della linea retta e nella quale la decorazione esterna e interna preannunciano il favore dell'architetto per le raffigurazioni fantastiche e insolite.

7. Casa de les Punxes

(5)

Sebbene Josep Puig i Cadafalch si imponga con il filone detto *noucentismo*, i primi passi nel campo dell'architettura lo videro aderire al modernismo.

Per la **casa Terrades (4)** – questo è il nome corretto dell'edificio, realizzato nel 1904-1905 lungo avinguda Diagonal e unico nell'Eixample con quattro facciate – si rifece al gotico del Nordeuropa, qui ben evidenziato dalle torri angolari e dai prospetti che culminano in tetti a forte spiovente.

Sua è anche, all'angolo con passeig de Sant Joan, la **casa Macaya (5)**, risalente al 1901, i cui prospetti, interamente in stucco bianco, sono stretti fra due torri angolari dal tetto a quattro spioventi.

(4)

8. La Monumental

Diversamente dal resto della Spagna qui le corride non sono molto di moda. Tanti i barcellonesi che non vi hanno mai assistito, anche se la città è dotata di un'apposita arena per spettacoli, gremiti soprattutto dai turisti e dagli spagnoli di altre zone della nazione. E proprio in questo edificio è allestito il **Museu Taurí** (*11-*

14), che illustra l'arte del torear attraverso costumi da combattimento, *banderillas* e, cosa un po' macabra, teste imbalsamate di tori.

9. Sagrada Família

Ott.-mar. 9-18; apr.-set. 9-20

La si consideri un delirio di onnipotenza di Antoni Gaudí, che per occuparsene a tempo pieno rinunciò a ogni altro incarico, o l'esempio più emblematico del desiderio di stupire di Barcellona, la chiesa **(1)** è l'immagine della capitale della Catalogna e il simbolo della sua riscossa dopo i tanti secoli di decadenza. Difficile non si sappia già che è un luogo di culto incompiuto, sul quale tutt'oggi si discute se portarlo a termine (Gaudí non ha lasciato alcun progetto definitivo) o se interromperlo, nonostante dopo la morte dell'architetto la costruzione sia progredita. Più facile è che non si sappia che non fu lui a porne la prima pietra nel 1882, anche se già l'anno successivo venne incaricato dell'impresa. E di un'impresa finì per trattarsi, poiché l'architetto sostituì il primo progetto con uno ancora più grandioso, che preve-

(1)

(2)

deva tre facciate – dedicate rispettivamente alla Natività, alla Passione e Morte **(2, 4)**, e alla Gloria di Cristo – ben 12 torri sul prospetto principale a simboleggiare gli apostoli, un torrione centrale circondato da altri quattro (raffiguravano Cristo e gli evangelisti) e una torre absidale dedicata alla Vergine. Nonostante siano passati ormai ben più di cento anni dall'apertura del cantiere, le gru ancora svettano dietro a quanto della chiesa è stato innalzato fino a oggi. All'esterno solo i prospetti dei transetti e l'abside sono stati completati: quello destro, dedicato alla Natività, era già ultimato nel 1904 e su di esso svettano quattro torri **(3)** ricoperte di mosaici veneziani; quello sinistro, dedicato alla Passione, documenta il proseguimento dell'impresa dopo la morte di Gaudí e il dibattito circa la maggiore o minore fedeltà all'idea originaria, essendo stato completato nel 1986. All'interno, l'abside accoglie il baldacchino, tuttora privo di altare, e nasconde sotto di sé la cripta dove riposa il corpo di Gaudí; proprio questo ambiente accoglie il Museu del Temple Expiatori de la Sagrada Família, dove il grande plastico della chiesa si accompagna alla storia delle sue traversie costruttive. Il 7 novembre 2010 la chiesa è stata consacrata da papa Benedetto XVI.

(3)

(4)

(1)

10. Hospital de Santa Creu i de Sant Pau

Tutti i giorni 10-14

Alla fine del XIX sec. il gotico ospedale della Santa Croce, nella Ciutat Vella, era ormai incapace di accogliere nuovi malati e del tutto insufficiente. Venne così deciso di creare una nuova struttura nella zona nord della città che proprio allora stava formandosi, affidando l'incarico a uno dei massimi architetti del tempo: Lluís Domènech i Montaner. Questi realizzò fra il 1902 e il 1912, al fondo di avinguda de Gaudí, qualcosa di straordinariamente nuovo per questo particolare tipo di struttura pubblica: un complesso di padiglioni **(1)** sparsi nel verde, collegati fra loro da passaggi sotterranei che fungevano al tempo stesso da ambienti di lavoro e di servizio, il cui aspetto d'insieme non era quello di un ospedale, grazie sia alla forma particolare dei singoli edifici – tutti in stile modernista – sia alla profusione di decorazioni e di colore, anche questa tipica di tale

(2)

corrente. Se interessanti risultano tutti i padiglioni, un particolare significato contraddistingue il blocco dell'Amministrazione, che funge da ingresso al complesso: perché la decorazione non è solo funzionale all'architettura, ma ha anche un significato simbolico e religioso: esaltato dalle sculture di Pau Gargallo (1881-1934) ed Eusebi Arnau i Mascort (1864-1933), dalle pitture e dai mosaici **(2)** di Francesc Labarta e Mario Maragliano, e dalla pianta stessa dell'edificio, che con le ali avanzanti rimanda alla carità e alle funzioni sociali e curative dell'ospedale.

(3)

11. Park Güell

(4)

Mag.-ago. 10-21; nov.-feb. 10-18; mar. e ott. 10-19; apr. e set. 10-20

Doveva essere una città-giardino, impostata su lotti triangolari in aperta opposizione alla pianta rigidamente ortogonale dell'Eixample. Ma anche questa invenzione di Gaudí, progettata nei primi anni del XIX sec. e patrimonio dell'umanità tutelato dall'UNESCO dal 1984, non giunse a termine, venendo interrotta nel 1914 e "trasformata" in parco pubblico già nel 1923. Nonostante questo, le parti realizzate **(3, 4)** sono un ulteriore documento dell'estro dell'architetto. Dovevano servire da portineria i due padiglioni, ricoperti di

(1)

(2)

frammenti di ceramica, che costituiscono l'attuale ingresso al parco, raggiungibile dall'ospedale percorrendo la ronda del Guinardó e la travessera de Dalt. Oltrepassati questi, la scalinata famosa per il dragone **(1)**, che funge anche da fontana, raggiunge una sala ipostila che rivisita lo stile dorico greco nelle 84 colonne coperte da cupola e che aveva funzioni di centro commerciale (qui si concentravano secondo il progetto originario il mercato e i negozi). Solo due delle 60 ville previste vennero costruite: quella realizzata nel 1911 è il **Museu Gaudí** (*10-18*), dove l'architetto visse e che conserva disegni originali, progetti e mobili **(2)** da lui disegnati per le case Milà e Batlló.

12. Tibidabo

Da raggiungersi con i mezzi pubblici

Dal Park Güell basta scendere alla travessera de Dalt e, al termine di questa, piegare a destra in avinguda de la República Argentina, imboccando al termine passeig de Sant Gerva-

(3)

si e infine avinguda del Tibidabo, per raggiungere il belvedere forse più famoso della città, capace, nelle giornate terse, di offrire sullo sfondo da un lato il profilo dei Pirenei e dall'altro le Baleari. Attorno alla sommità del colle, alto 531 m, si dispongono numerosi altri esempi di modernismo e la **casa-museu Verdaguer** (*mar.-ven. su appuntamento, sab., dom. e festivi 10-14*), con ricordi del maggior poeta catalano moderno.

(4)

Buona parte del colle è occupato da un parco fra i più estesi d'Europa (oltre 7500 ettari), nel quale già nel 1905 venne aperto il **Parc de Atraccions del Tibidabo** (*orari variabili a seconda dei mesi dell'anno*): divertimenti antichi come la ruota panoramica **(3)**, il *tren aéreo* **(4)** o la torre di vedetta convivono con installazioni futuribili e riecheggianti i grandi parchi americani, nonché con il **Museu d'Autómatas (5)** (*orari variabili a seconda dei mesi dell'anno*) dedicato agli automi e ai robot dagli inizi del XIX sec. a oggi.

Coevo all'apertura del parco è, a segnare il punto più alto del colle, il **temple del Sagrat Cor**, iniziato da Enric Sagnier i Villavechia (1858-1931) nel 1902 in stile eclettico e portato a termine nel 1961; modernista è la facciata dove le teste degli evangelisti fungono curiosamente da capitelli.

(5)

13. Monestir de Pedralbes

Apr.-set. mar.-sab. 10-17, dom. 10-20, fest. 10-15; ott.-mar. mar.-sab. 10-14, dom. 10-20, fest. 10-15; lun. chiuso

Tornati a passeig de Sant Jervasi, il suo proseguimento verso sud (passeig de la Bonanova e passeig Reina de Montcada) porta a quello che, grazie al poco tempo impiegato per la co-

(1)

struzione (appena un anno), può essere considerato il più esemplificativo edificio in stile gotico catalano. A fondarlo, nel 1326, fu Elisenda de Montcada, moglie di Jaume II, e da allora è occupato da monache clarisse, che vivono tutt'oggi in stretta clausura.

Da visitare sono la chiesa, nel cui interno, illuminato da belle vetrate absidali policrome del XV sec., è sepolta la fondatrice del monastero in una tomba d'alabastro del 1364; lo splendido chiostro **(1)** – la parte forse più interessante –, impostato su tre gallerie su colonnine e ornato da affreschi trecenteschi; la cappella de Sant Miquel, che conserva un ciclo sulla *Vita di Cristo* affrescato nel 1346; e gli ambienti del convento.

(2)

14. Finca Güell

La porta del Dragó **(2)** in ferro battuto segna l'ingresso a un gruppo di edifici *(visitabile solo l'esterno)* che furono commissionati a Gaudí ancora una volta dai Güell come dimora di campagna.

Il complesso risale al 1884-87 e fonde nella struttura e nelle decorazioni spunti dell'arte catalana– attinti soprattutto dal gotico – con altri di tradizione orientale.

15. Palau de Pedralbes

Avinguda de Pedralbes incrocia avinguda Diagonal quasi in corrispondenza di uno splendido giardino (*dic.-feb. 10-18; mar. e nov. 10-19; apr. e ott. 10-20; mag.-set. 10-21*) impreziosito da sculture **(3)**, giochi d'acqua e fontane (quella del *Drac* è di Gaudí). Lì è il Palazzo reale **(4)** che i conti Güell fecero costruire, a nome dell'intera Barcellona, nel 1919-25 come residenza del re quando si fosse trovato a visitare la città. Per l'edificio ci si ispirò all'architettura italiana, creando un complesso formato da un corpo centrale stretto fra due ali curvilinee con loggiato e mezzanino. Il monarca non vi risiedette, poiché volle subito regalarlo alla città che lo adibì a sede museale: il **Museu d'Arts Decoratives** (*mar.-dom. 10-18; festivi 10-15; lun. chiuso*) racconta la storia dell'arredamento dal XVI al XX sec. attraverso mobili, tessuti, cassoni, ricami, vetri e porcellane; il **Museu de Ceràmica** (*mar.-dom. 10-18*) illustra la produzione spagnola dal XII sec. a oggi.

(3)

(4)

BOMBONS
BARCELONA

Shopping

Ristoranti

Divertimenti

Alberghi

Shopping

È bastato poco a Barcellona per ricoprire nuovamente un posto di primo piano nel settore degli acquisti. In fondo, in questo campo la città era forte da tempo, grazie alla naturale inclinazione per il commercio che l'aveva vista dominare nel Mediterraneo dal XIII al XV sec. e alla presenza dei primi grandi magazzini della Penisola iberica; e sono stati sufficienti il lasciarsi definitivamente alle spalle gli anni bui della dittatura del generalissimo Franco, il ritorno della democrazia e l'entrata della Spagna nella Comunità Europea (1986) per riportare la città nel novero delle metropoli europee dove dedicarsi allo shopping è un piacere e, per così dire, un'arte. In ogni settore.

Proprio a seconda di quello che si è intenzionati ad acquistare, Barcellona ha intere vie dell'Eixample o angoli appartati del Barri Gòtic a disposizione dei potenziali clienti: siano questi alla caccia del capo firmato, della specialità enogastronomica tipica o dell'oggetto di design all'ultima moda (in questo settore la città vanta un primato dai più ignorato). Di tale notevole varietà di scelta ci si rende conto passeggiando nei luoghi più turistici della città, dove non sono pochi, nonostante la globalizzazione, i piccoli negozi a conduzione familiare che vendono prodotti fatti a mano. Il Barri Gòtic, ad esempio, è ideale per l'artigianato, gli oggetti artistici e gli alimentari, ma anche per le scarpe e i capi firmati. Questi ultimi due comparti sono, assieme alle profumerie, il "punto forte" dell'Eixample; in particolare della rambla de Catalunya e del passeig de Gràcia – che sono uno scintillare continuo di negozi con le massime griffe dell'alta moda e del prêt-à-portèr europeo – e lungo avinguda Pau Casals, per acquisti all'ultima moda ma lontano dalla calca. Non si possono mancare, naturalmente, i grandi centri commerciali: dallo storico El Corte Inglés al più recente Maremagnum. E per chi vuole respirare la vera aria barcellonese, cosa di meglio di un tuffo in uno dei mercati, come quello della Boqueria?

ABBIGLIAMENTO

Parte della fama un po' trasgressiva di Barcellona in questo settore è frutto dell'estro cinematografico di Pedro Almodóvar. Chi vuole "osare" gli incredibili accostamenti di colore delle eroine almodovariane non ha che l'imbarazzo della scelta.

Adolfo Domínguez

Passeig de Gràcia, 89; tel. 93.4874889
M *Passeig de Gràcia*
Avinguda Diagonal 490
Tel. 93.4161716
M *Diagonal*

Negozio di uno stilista di grande fama che propone collezioni con abiti pratici e confortevoli a prezzi ragionevoli.

Antoni Miró

Consell de Cent, 349; tel. 93.4870670
M *Passeig de Gràcia*

Negozio di Antoni Miró, uno degli stilisti catalani più apprezzati. Creazioni uomo e donna in stile contemporaneo e dinamico, profumi, accessori.

Como Agua de Mayo

Argentería, 43; tel. 93.3106441
M *Jaume I*

Raffinata selezione di scarpe, borse e accessori firmati da stilisti spagnoli ed europei. Collezioni di ispirazione vintage e romantiche.

Custo Barcelona

Plaça de les Olles, 7; tel. 93.2687893
M *Jaume I*
Carrer de Ferrán, 36; tel. 93.3426698
M *Jaume I, Liceu*
La Rambla, 120; tel. 93.3014495
M *Liceu*
Placa del Pi, 2.; tel. 93 304 27 53

In un palazzo del 1744 il nuovo negozio di Custo Barcellona, marchio noto per le sue T-shirt dalle fantasie coloratissime.

Orari di apertura

Se si escludono i grandi magazzini e i centri commerciali, che hanno orario continuato (*di solito dalle 10/11 alle 21/23, spesso sette giorni su sette*), i negozi di Barcellona sono aperti *dalle 10 alle 14/14.30 e dalle 16.30/17 alle 20*; inoltre, quelli nelle zone meno frequentate sono chiusi non solo la domenica, ma anche il sabato pomeriggio. Al pari delle altre città europee, in occasione del Natale tutto è aperto anche la domenica; e fra gennaio e febbraio e fra giugno e luglio si tengono i tradizionali saldi d'inverno (*rebajas de invierno*) e d'estate (*rebajas de verano*).

L'avenida Portal del Ángel

M *Catalunya*

Questa strada è la principale tra le vie commerciali di Barcellona ed è, per questo, anche quella più cara di tutta la Spagna. Le grandi catene di negozi di moda fanno a gara per poter aprire i propri punti vendita lungo le centinaia di metri di questa strada pedonale che costituisce un vero e proprio centro commerciale a cielo aperto. La sua importanza è determinata anche dal fatto che, come un grande accesso, conduce dalla plaça de Catalunya alla città vecchia e porta alla plaça de la Catedral e alla calle e alla plaça del Pi. Proprio per questo è una delle vie maggiormente percorse sia dai turisti sia dagli abitanti di Barcellona, seconda solo alle Ramblas. Tra le firme e le catene commerciali che si trovano lungo questa via possiamo citare Zara (con due negozi), H&M (anch'essa con due negozi, uno dei quali nello storico edificio della Gas Natural), Massimo Dutti, Bershka ecc. A poca distanza da qui, in una delle strade adiacenti, si trova lo storico ristorante Els Quatre Gats.

Custo Growing

Rambla de Catalunya, 95
Tel. 93.4879882
M *Passeig de Gracia, Diagonal*

I caratteristici e colorati tessuti stampati di Custo Barcelona, ora anche in versione mini. La linea bambini di Custo, rivolta a maschi e femmine da 4 a 12 anni, propone capi alla moda per i piccini di casa.

Gonzalo Comella

Via Augusta, 2; tel. 93.4161516
M *Diagonal*
Passeig de Gràcia, 6; tel. 93.4126600
M *Passeig de Gràcia, Catalunya*

Una catena di negozi d'abbigliamento per tutta la famiglia, con una tradizione più che centenaria: capi firmati dai più famosi stilisti internazionali.

La Comercial

Rec, 77; tel. 93.3150586
M *Jaume I, Barceloneta*
www.lacomercial.info

Abbigliamento e scarpe per uomo e donna delle marche più esclusive sia internazionali sia nazionali, negozio ideale per fashionisti sempre in cerca delle ultime novità che fanno tendenza.

Loewe

Passeig de Gràcia, 35
Tel. 93.2160400
M *Passeig de Gràcia*

Sul rinomato viale per lo shopping in città si trova il negozio della griffe spagnola più famosa nel mondo. Il negozio è ospitato nella Casa Lleó Morera, bell'edificio modernista opera di Lluís Domènech i Montaner.

Natalie Capell

Carassa, 2
Tel. 93.3199219
M *Jaume I*
www.nataliecapell.com

Abiti di ispirazione anni Venti, modelli unici e artigianali, interamente cuciti a mano. La boutique ha un allestimento assai scenografico, che di per sé vale una visita. Da vedere assolutamente!

Tienda del Museu Tèxtil i d'Indumentària

Carrer Montcada, 12
Tel. 93.2682598
M *Jaume I*

Un negozio all'interno del Museo dedicato alla tessitura del Medioevo. Vende capi d'abbigliamento, scarpe, borse, biancheria per la casa, cravatte, gioielli e altri articoli.

ALIMENTARI

Nei romanzi di Vázquez Montalbán il commissario Pepe Carvalho spesso gusta deliziosi piatti con il fido aiutante o la bella compagna. Gli ingredienti per prepararli li trova in alcuni dei negozi qui di seguito indicati.

Cacao Sampaka

Consell de Cent, 292
Tel. 93.2720833
M *Passeig de Gràcia*

Il mastro cioccolataio catalano Enric Rovira sta a capo di questa dolce impresa, con negozi non solo a Barcellona e Madrid, ma anche a Dubai, Lisbona e Tokio. Il negozio più centrale della città si trova a pochi metri dal passeig de Gràcia, dove è possibile trovare tutta la gamma di prodotti.

Casa Gispert

Carrer Sombreres, 23; tel. 93.3197535
M *Jaume I*

Negozio rimasto uguale dal 1851, anno della sua apertura. Caffè delle migliori marche, spezie, frutta secca di ogni tipo, cioccolata, cacao puro e funghi.

Casa Pepe

Balmes 377; tel. 93.4171176
M *Putget (Ferrocarriles de la Generalitat de Catalunya)*
Plaça Bonanova, 4; tel. 93.4180087

Tánger, 98; tel. 93.3569680
M *Llacuna*
www.casapepe.es

Considerato tra i migliori negozi di gastronomia della Spagna, Casa Pepe è il paradiso degli amanti del buon prosciutto. Vi si trova anche una vasta selezione di vini di tutte le denominazioni di origine controllata spagnole. Il negozio di calle Balmes è quello originale, fondato nel 1947. Quello di plaça Bonanova è invece il più caratteristico. In calle Tánger, nel futuribile distrito 22@ si trova il più recente, che è anche il più moderno.

Colmado Quílez

Aragó, Rambla de Catalunya, 63
Tel. 93.2152356
M *Passeig de Gràcia*

Il negozio di alimentari più noto della città, ha un grande assortimento di prodotti di qualità e personale affabile.

Duch Antigalles

Carrer de Sant Sever, 2; tel. 93.3023630
M *Jaume I, Liceu*

Ottima selezione di antiquariato modernista e isabellino in questo impeccabile negozio del Casco Antiguo. Per conoscere parte della storia decorativa e artistica di Barcellona e della Catalogna.

Escribà

Rambla, 83; tel. 93.3016027
M *Liceu*

Più che di torte si può parlare di creazioni artistiche a base di cioccolato, squisiti dolci artigianali e piccola pasticceria. In un angolo si trova una piccola caffetteria dove gustare alcune di queste leccornie.

Fargas

Carrer Boters, 2; tel. 93.3200342
M *Jaume I, Liceu*

Qui niente è cambiato dai primi dell'Ottocento: gli arredi interni e la struttura esterna sono stati mantenuti così come erano in origine. In vendita cioccolato e cioccolatini, ottimi torroni di diverse qualità e un profumatissimo caffè.

La Botifarrería de Santa María

Carrer de Santa María, 4; tel. 93.3199123
M *Jaume I, Barceloneta*
www.labotifarreria.com

Proprio di fronte alla chiesa di Santa Maria del Mar, propone decine di varietà di *botifarra*, tipico salume di maiale catalano, molto amato dagli abitanti di Barcellona.

Passeig de Gràcia

M *Catalunya, Passeig de Gràcia, Diagonal*

Il Passeig de Gràcia è il grande ed elegante viale del centro di Barcellona. Oltre alle attrazioni architettoniche – le case Milà (La Pedrera) e Batlló di Antoni Gaudí – e quelle di tipo culinario, visto il considerevole numero di ristoranti e bar con piacevoli dehors che permettono di godere del clima invidiabile di Barcellona, il passeig de Gràcia è rinomato anche per lo shopping. Lungo questo viale si trova buona parte delle boutique di lusso presenti in città. Le più importanti sono: Chanel (*al civico 70, tel. 93.4872869*), Gucci (*al civico 76, tel. 93.4160620*), Valentino (*al civico 108, tel. 93.3683219*), Brioni (*al civico 38, tel. 93.2158831*), Tiffany's (*al civico 38, tel. 93.2721798*), Hugo Boss (*al civico 83, tel. 93.2726743*), Dolce & Gabbana (*al civico 44, tel. 93.4769100*), Ermenegildo Zegna (*al civico 29-31, tel. 93.2150006*), Max Mara (*al civico 23, tel. 93.4881777*) ecc.

La Pineda

Carrer del Pi, 16; tel. 93.3024393
M *Jaume I, Liceu*

Prosciutto di Salamanca, *chorizo* (salame) di Soria, *fuet* (salsiccia) di Vic, formaggi della Mancha e della Galizia, vini di Penedès e della Ribera del Duero: in questo negozio specializzato un angolo è stato sistemato per la degustazione sul posto.

Turris

Gran de Gràcia, 34; tel. 93.2378223
M *Fontana, Diagonal*
www.turris.es

Per gli amanti del buon pane entrare a Turris è come riscoprire i migliori sapori dell'infanzia. Pane, dolci e tutti i prodotti da forno dolci e salati, preparati con ingredienti naturali.

ANTICHITÀ E ANTIQUARIATO

Mobili vecchi di decenni, modernariato, bric-à-brac. Anche in questo campo Barcellona riserva molte sorprese.

Artur Ramon

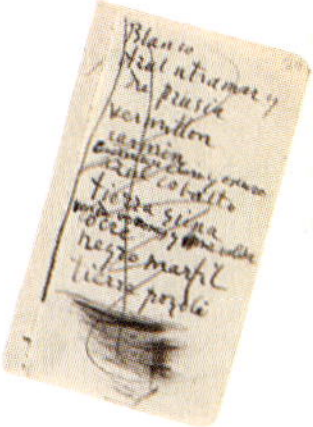

Carrer de la Palla, 25
Tel. 93.3025970
M *Jaume I, Liceu*

Tra le numerose botteghe d'antiquari di questo suggestivo angolo della città, quella di Artur Ramon propone oggetti di antiquariato artistico tra cui sculture, quadri e disegni. Merita una visita la vicina e omonima galleria d'arte.

L'Arca de l'Àvia

Carrer Banys Nous, 20; tel. 93.3021598
M *Liceu, Jaume I*

Dal 1840 si comprano e vendono merletti, tele, sete, tappezzerie, corredi, piccoli mobili esposti ad arte all'interno del negozio.

ARTICOLI PER LA CASA E ARREDAMENTO

Tutto, ma proprio tutto per trasformare il proprio appartamento in un piccolo angolo catalano.

Azul Tierra

Córsega, 302; tel. 93.2178356
M *Diagonal*
www.azultierra.es

Lusso, esuberanza e calore splendidamente coniugati nella selezione di oggetti, mobili e nell'allestimento di questo negozio. Per sognare mondi lontani.

Casa Miranda

Carrer Banys Nous, 15; tel. 93.3018329
M *Liceu, Jaume I*

Cesteria artigianale tra le più note della città: anche se sono le culle il loro fiore all'occhiello, qui troverete deliziose lampade e piccoli mobili.

Coses de Casa

Plaça de S. Josep Oriol, 5; tel. 93.3027328
M *Liceu, Jaume I*

Grande varietà di tessuti per l'arreda-

mento tra cui tovaglie, coperte, lenzuola, trapunte, tende e tessuti venduti al metro di ispirazione tradizionale.

Cottage Little House

Roselló, 247; tel. 93.237144
M *Diagonal*

Piccoli mobili, complementi d'arredo e soprattutto... lampade! Di ispirazione francese e inglese, il negozio è piccolo, delizioso e traboccante di begli oggetti da scoprire.

El Indio

Carrer del Carme, 24; tel. 93.3175442
M *Catalunya*

Un bazar del 1870 che vende articoli di ogni genere, dalle lenzuola ai bavaglini per i bimbi, dagli strofinacci ai tappeti e copridivani.

Gotham

Carrer de Cervantes, 7; tel 93.4124647
M *Jaume I*

Volete sapere da dove arrivano i mobili che si vedono nei film di Almodóvar? Si

Grandi magazzini

El Corte Inglés

Plaça de Catalunya, 14; tel. 93.3063800; M *Catalunya*
Avenida Portal de l'Àngel, 19-21; tel. 93.3063800; M *Catalunya*
Avenida Diagonal, 617; tel. 93.3667100; M *María Cristina*

È la catena di grandi magazzini più importante di Spagna. A Barcellona ha quattro magazzini, due dei quali si trovano in centro. El Corte Inglés di plaça de Catalunya è un edificio imponente con vari piani, dove è possibile trovare qualsiasi genere di prodotto, dall'abbigliamento agli accessori, dai mobili agli utensili da cucina, dai cd e libri, profumi e trucchi, all'elettronica, compreso un reparto alimentare. Tutti i prodotti in vendita in questi grandi magazzini sono di prima qualità. Al Rincón del Gourmet, al piano interrato, è possibile trovare una gran varietà di prodotti gastronomici con una particolare attenzione a quelli spagnoli. Il magazzino di Portal del Ángel, situato in un imponente e simbolico edificio storico della città, è specializzato in libri, cd, film, elettronica e moda giovane.

El Triangle

Plaça de Catalunya, Carrer Pelay, Carrer Bergara; tel. 93.3180108
M *Catalunya, Universitat*

Di recente costruzione, ospita molti negozi, soprattutto di abbigliamento maschile e femminile. I più grandi punti vendita presenti nel Triangle sono Fnac, che vende libri e dischi, la profumeria Sephora, il negozio di casalinghi Habitat e Grand Optical, specializzato in occhiali.

L'Illa Diagonal

Avinguda Diagonal, 557; tel. 93.4440000; M *Maria Cristina*

Un enorme centro commerciale con la più lunga e imponente facciata di tutta la città: ben 300 metri! Aperto nei primi anni Novanta, ospita più di 130 negozi, tra i quali Marks & Spencer, Decathlon, Fnac e Caprabo.

Maremagnum

Moll d'Espanya, Port Vell; tel. 93.2258100; M *Drassanes, Barceloneta*

In pieno porto vecchio è possibile fare spesa "sull'acqua", in un centro commerciale con più di 50 negozi, bar, ristoranti, fast food e locali notturni. È spettacolarmente unito alla Rambla da una passerella sul mare.

tratta di un negozio specializzato in mobili e oggetti del XX secolo, in particolare degli anni Trenta-Settanta.

Ici et Là

Plaça Santa María, 2; tel. 93.2681167
M Jaume I

Quasi una galleria d'arte, dove le "opere" sono lampade, mobili, tessuti, coperte, tappeti e dipinti, firmati dai migliori stilisti europei ed eseguiti a mano in pezzi unici.

Villegas

Carrer Comtal, 31
Tel. 93.3175330
M Catalunya

Ceramiche artigianali, creative e d'autore, oltre a una vasta scelta di oggetti per l'arredamento della casa, articoli da regalo e piccoli oggetti d'arte.

Vinçon

Passeig de Gràcia, 96
Tel. 93.2156050
M Diagonal

Il negozio giusto per conoscere le tendenze del design moderno in fatto di oggetti d'arredo. Vende tutto ciò che serve per arredare con originalità e gusto la propria casa.

ARTICOLI VARI

Di tutto un po'; ma, ben più importante, tutto in grado di soddisfare i gusti più raffinati.

Arlequí Màscares

Carrer de la Princesa, 7
Tel. 93.2682752
M Jaume I

Centinaia di maschere artigianali realizzate in proprio con carta riciclata e cartapesta. Il catalogo offre soggetti della commedia dell'arte, del teatro classico, del teatro No, fino a maschere popolari catalane e di disegno contemporaneo.

Beardsley

Carrer Petritxol, 12
Tel. 93.3020576; M Liceu

Si vende proprio di tutto in questo negozio bazar di articoli per la casa, accessori per la tavola, mobili, vasi e servizi di piatti antichi e in stile.

Cha-Chá

Carrer Sant Antoni dels Sombrerers, 7
Tel. 93.3193779; M Jaume I, Barceloneta
www.cha-cha.es

Ogni tipo di prodotto firmato dai migliori designer, fumettisti e artisti spagnoli.

A partire da magliette e penne stilografiche fino ad arrivare a ogni tipo di articoli per la casa.

El Ingenio

Carrer Rauric, 6; tel. 93.3177138
M *Liceu*

Molte compagnie teatrali si riforniscono qui di arredi di scena, maschere e oggetti in cartapesta. Anche Salvador Dalí era un cliente abituale.

El Rey de la Magia

Princesa, 11
Tel. 93.3193920
M *Jaume I*
www.elreydelamagia.com

Nato nel 1881, questo negozio è unico nel suo genere, visto che la sua specialità sono gli articoli di magia e di illusionismo sia per professionisti che per semplici appassionati. All'interno vi si trova anche una libreria specializzata sul tema. Il negozio è frequentato da maghi e da amanti della magia e dell'illusionismo provenienti da tutto il mondo.

Fantastik

Joaquín Costa, 62
Tel. 93.3013068
M *Universitat*
www.fantastik.es

Fantastik, il cui sottotitolo è Bazar (extra)ordinario, è uno dei negozi più particolari della città e forse di tutta Europa. Riunisce qualsiasi tipo di oggetti inverosimili provenienti da Romania, Cina, Iran, Messico, Russia, Vietnam, Senegal e molti altri paesi. Borse, giocattoli, utensili da cucina, oggetti d'arredamento ecc. L'allestimento trasforma lo spazio del negozio in un vero e proprio museo delle stranezze del nostro pianeta.

Ganiveteria Roca

Plaça del Pí, 3; tel. 93.3021241
M *Liceu*

Un vero tempio di strumenti da taglio, con le migliori marche in fatto di rasoi, coltelli, cesoie. L'arredo, in stile modernista, è quello del 1911, anno di apertura.

Gemma Povo

Carrer Banys Nous, 5; tel. 93.3013476
M *Liceu, Jaume I*

Oggetti in ferro battuto dalle linee moderne o ispirate alla tradizione. Ci sono anche pezzi antichi, spesso accostati e assemblati a manufatti moderni. Vasta scelta di tavoli, sedie, lampade e testate per letti.

Gigamesh

Ronda Sant Pere, 53; tel. 93.2466359
M *Urquinaona*

Fumetti, libri di fantascienza, giochi di

strategia e giochi di ruolo in uno dei negozi specializzati più importanti d'Europa. Pubblica una propria rivista, dedicata alla letteratura fantascientifica.

Items d'Ho

Passeig de Gràcia, 55
Boulevard Rosa, 23-24
Tel. 93.2160941; **M** *Passeig de Gràcia*

Se cercate un regalino particolare, un oggetto strano o un gadget originale questo è il vostro negozio, in un piccolo ma fornito centro commerciale, il Bulevard Rosa.

Joguines Monforte

Plaça Sant Josep Oriol, 3
Tel. 93.3182285; **M** *Liceu*

Un intero negozio specializzato nella vendita di giochi da tavolo, dai più classici a quelli di ultima generazione.

Lomography Shop

Rosic, 3; tel. 93.3197006
M *Jaume I*

Il posto giusto per i fan delle Lomo e della lomografia. Macchine fotografiche, libri e gadget in un piccolo negozio in pieno centro storico di Barcellona.

Mil Barrets i Gorres

Carrer Fontanella, 20
Tel. 93.3018491; **M** *Catalunya*

Questo è uno dei pochi negozi di cappelli

della città che possa vantare un assortimento di grande eleganza e qualità, che serve molti personaggi famosi spagnoli.

Raima

Carrer Comtal, 27; tel. 93.3174966
M *Catalunya*

Carta, carta e ancora carta! Questo negozio disposto su due piani la propone in fogli di tutti i colori, spessori e dimensioni. Un vero paradiso per chi ama scrivere e disegnare.

Sombreria Obach

Carrer Call, 2; tel. 93.3184094
M *Liceu*

Vi si vendono molti generi di cappelli, tra cui i tradizionali *barretinas*, i classici italiani Borsalino, cappelli di lana, paglia, feltro e maglia.

Mercatini

Antiquariato
Plaça Nova, 1; tel. 93.3027045; M *Jaume I*
In pieno Barri Gòtic, di fronte alla cattedrale, un mercato di oggetti vari e cimeli di famiglia (*gio.*).

Filatelia
Plaça Reial, 1; tel. 932916118; M *Liceu*
Si stende in metà della piazza Reial e vi si comprano, vendono e scambiano francobolli da tutto il mondo (*dom. mattina*).

Mercat de Sant Antoni
Carrer Comte d'Urgell, 1; tel. 93.4234287-93.4545746; M *Sant Antoni*
Libri, dischi, figurine, giochi, videogiochi, oggetti di seconda mano e vario collezionismo riempiono i portici del vecchio mercato di Sant Antoni quando i banchi sono chiusi (*dom. mattina*).

Mercatino dell'Arte
Plaça de Sant Josep Oriol; tel. 93.2916170; M *Liceu*
In una delle più caratteristiche piazze della città si tiene questo mercatino dell'arte (*dom.*).

Mercatino delle pulci Els Encants
Plaça de les Glòries Catalanes
Tel. 93.2463030; M *Glòries*
La piazza si colora di bancarelle che propongono articoli di ogni genere, abiti, mobili e cose inutili, usati e nuovi (*lun., mer., ven. e sab. 9-18*).

Mercato degli Uccelli
Rambla Estudis; M *Liceu*
Un tratto delle Ramblas molto chiassoso e vivace ospita questo mercato dove, di fatto, oltre a varie specie di volatili, si trovano tanti altri simpatici animaletti.

Mercato dei Fiori
Rambla de Sant Josep; M *Liceu*
Sulle Ramblas, di fronte al palazzo de la Virreina, si trova questo mercato che con variopinti chioschi di piante e fior, gli unici a ricordare che nei secoli andati (XII-XIX) qui si teneva mercato.

CALZATURE

Indirizzi immancabili per chi ritiene la scarpa o lo stivale, nonché la scarpa sportiva, un accessorio fondamentale.

Calzados Álvarez

Marià Cubí, 3; tel. 93.2721798
M Gracia (FGC)
www.calzadosalvarez.com

Secondo molti questo è il miglior negozio di scarpe di Barcellona e da quando è stato aperto, nel 1878, è sempre stato nello stesso locale, accogliente e tranquillo. Specializzato in calzature femminili, vi si posssono trovare i migliori prodotti, con una scelta delle principali marche mondiali. Il personale è gentile e competente.

Camper

Pelayo, 13-37; tel. 93.3024124
Elisabets, 11; tel. 93.3426280
M Catalunya
www.casacamper.com/barcelona

La scarpa da città per eccellenza. Adorate dalle *celebrities* di tutto il mondo, le calzature Camper sono moderne, comode e prodotte artigianalmente. Un must. Nella calle Elisabets si trova una boutique-hotel: un nuovo concetto che coniuga i servizi di un hotel con un locale commerciale moderno e cosmopolita.

La Manual Alpargatera

Carrer Avinyó, 7; tel. 93.3010172
M Liceu

Produce calzature artigianali tradizionali e moderne. Chi lo desidera può assistere alla fabbricazione delle scarpe, trovandosi il laboratorio all'interno del negozio stesso.

Lotusse

Rambla de Catalunya, 103
Tel. 93.2158911
M Passeig de Gràcia

Qualità, sobrietà ed eleganza sono le tre caratteristiche che si legano al nome di Lotusse. La marca di Maiorca, che produce scarpe, borse e accessori, per uomo e donna, propone da sempre collezioni intramontabili.

Tascón

Passeig de Gràcia, 64; tel. 93.4879084
M Diagonal
Rambla de Catalunya, 42; tel. 93.4874447
M Passeig de Gràcia
Passeig del Born, 8; tel. 93.2687293
www.tascon.es

Negozio di calzature multimarca molto popolare, con diversi punti vendita sparsi in città, buona parte dei quali in zone molto centrali. Scarpe moderne di buona qualità a un prezzo ragionevole.

Mercati alimentari

Ancora oggi, la Barcellona proiettata verso il futuro è in grado di offrire di sé un volto per molti versi inaspettato. Quello delle migliaia di persone che, pur avendo grandi magazzini a portata di mano, si affollano nei mercati di quartiere, mantenendo viva così una tradizione antica.

La Boqueria

Rambla, 91; tel. 93.3182017; M *Liceu, Catalunya*

Il mercato degli alimentari per eccellenza. Migliaia di bancarelle mettono in mostra prodotti, tra cui non mancano quelli esotici, freschissimi e di grande qualità e la loro fama è tale che alcuni dei migliori ristoranti si riforniscono da loro. La copertura in metallo risale al 1914, il portale d'ingresso è in stile modernista (*solo mattina lun.-sab.*)

Mercat de Santa Caterina

Avenida Francesc Cambó, 16; tel. 93.3192135; M *Jaume I*
www.mercatsantacaterina.net

Questo mercato (*lun.-mer. e sab., 7.30-15.30; gio. e ven., 7.30-20.30*), fondato nel 1848, è stato interamente ristrutturato nel 2005: l'aspetto è moderno e di impatto, con reminiscenze dello stile di Gaudí e i tipici motivi mediterranei di Barcellona. Attualmente è uno dei mercati più belli della città. Nei suoi oltre cento banchi si possono acquistare tutti i tipi di prodotti, sempre freschi e di prima qualità. All'interno si trova anche un ristorante che offre piatti preparati con prodotti di stagione e *tapas* eccellenti a un prezzo adeguato.

Mercato dell'Abacería

Travessera de Gràcia, 186; tel. 93.2136286; M *Fontana*

Mercato di generi alimentari nel quartiere di Gràcia, ha banchi di verdure, carne e pesce, freschi e buoni come nel più noto mercato della Boqueria.

ERBE, PRODOTTI NATURALI, FIORI

Un comparto ideale non solo per chi ha fatto della macrobiotica e del biologico una filosofia di vita.

Au Nom de la Rose

Valencia, 203; Tel. 93.45116 50
M *Passeig de Gràcia*
www.aunomdelarose.com/es

Si tratta di una catena parigina di negozi che in Spagna ha aperto, per ora, suoi punti vendita a Madrid e Barcellona (qui un secondo negozio è in *calle Ganduxer, 26, tel. 93.2013280*). Vende qualsiasi tipo di prodotto che abbia a che fare con le rose e, naturalmente, vi si può acquistare anche ogni varietà di rosa proveniente da diverse parti del mondo.

Cereria Subirà

Baixada Llibreteria, 7; tel. 93.3152606
M *Liceu*

Un negozio tutto di candele artigianali, religiose e decorative, per ogni gusto e tutte le tasche. È il negozio più antico della città, fondato nel 1761.

Flores Navarro

Valencia, 320; tel. 93.4574099
M *Passeig de Gràcia*
www.floresnavarro.com

Il negozio di fiori più grande di tutta la Spagna, con ogni tipo di fiori, arbusti e piante in un grande spazio e con l'assistenza di personale specializzato. Offre anche un servizio di ordini telefonici e via Internet.

Flors Carolina

Rambla, 10
Tel. 93.3023028
M *Liceu*

Sullo spartitraffico delle Ramblas, di fronte alla Boqueria, è situato questo chiosco di fiori che dal 1888 fa parte della storia della città. Ancora oggi, per i barcellonesi, è un piacere farsi preparare un bouquet sul momento.

Herboristeria del Rei

Carrer Vidre, 1; tel. 93.3180512
M *Liceu*

Il posto giusto per fare provvista di ogni genere di erbe, spezie, tè, profumi naturali, olii per massaggi e candele di ogni tipo. Conserva la struttura e l'arredamento originale del 1860; bellissime le boiseries ottocentesche.

Manantial de Salud

Carrer Xuclà, 23
Tel. 93.3011444
M *Liceu*

Vende erbe, prodotti naturali e piante medicinali da più di 70 anni.

GIOIELLI E OROLOGI

Comperare un anello o un orologio riserva ancora forti emozioni a Barcellona.

Bagués

Passeig de Gràcia, 41
Tel. 93.2160174
M *Passeig de Gràcia*

Una gioielleria elegante e sofisticata ospitata nella celebre Casa Ametller, esempio illustre e caratteristico di architettura modernista.

Joaquin Berao

Rambla de Catalunya, 74
Tel. 93.2150091; M *Diagonal*

In questa elegante gioielleria sono in vendita pregiati e originali gioielli realizzati da un rinomato disegnatore spagnolo di fama internazionale.

Tiffany's

Passeig de Gràcia, 38
Tel. 93.2721798
M *Passeig de Gràcia*

La mitica gioielleria della 5th Avenue di New York ha recentemente aperto, nell'elegante passeig de Gràcia, il suo primo negozio in Spagna: si trova nell'edificio dell'Hotel Mandarin Oriental di Barcellona, anch'esso recentemente inaugurato.

Tomás Colomer

Avinguda Portal de l'Àngel, 7
Tel. 93.3015522
M *Catalunya*

Una bella gioielleria di antica tradizione, ideale per chi desidera acquistare orologi e gioielli delle marche più prestigiose.

Vasari

Passeig de Gràcia, 73
Tel. 93.2151515; M *Passeig de Gràcia*

Nel piccolo negozio sul Passeig, così come in quello di plaça Sant Gregori Taumaturg, Vasari espone e vende gioielli originali di ispirazione neoclassica in uno stile davvero molto personale.

LIBRI E DISCHI

Un genere di negozio che testimonia, forse più di altri, la natura europea della città, aperta ai viaggi e alle più moderne tendenze musicali.

Altaïr

Gran Vía Corts Catalanes, 616
Tel. 93.3427171; M *Passeig de Gràcia*

Una grande libreria specializzata in guide turistiche, carte stradali, mappe, piante delle città, itinerari.

Àngel Battle

Carrer de la Palla, 23; tel. 93.3015884

La libreria Battle vende da più di un secolo antichi libri di storia, arte e letteratura, nonché stampe e incisioni d'epoca. Molto suggestivo e caratteristico l'interno del negozio, con le pareti ricoperte da scaffali colmi di volumi.

Casa Beethoven

Rambla, 97; tel. 93.3014826

M *Liceu; www.casabeethoven.com*

Libri e spartiti di musica classica riempiono i lunghi scaffali che corrono lungo le pareti di questo famoso negozio, che ha aperto i battenti nel 1915 ed è conosciuto in quasi tutto il mondo dai numerosi amanti del genere.

Discos Castelló

Carrer Tallers, 7; tel. 93.3025946

M *Catalunya*

Non uno, ma ben sei negozi di dischi dove gli amanti di ogni genere musicale potranno trovare nuove uscite, reincisioni, stranezze musicali e rarità.

Etnomusic

Carrer Bonsuccés, 6; tel. 93.3011884

M *Catalunya*

In questo piccolo negozio si possono comprare direttamente, o acquistare su catalogo, dischi, cd e cassette di musica etnica proveniente da ogni parte del mondo. Una vera miniera per gli appassionati.

Fnac

Plaça de Catalunya, 4; tel. 93.3441800

M *Catalunya, Passeig de Gràcia*

All'interno del grande magazzino El Triangle, tre piani dedicati a libri, videocassette, dischi e videogiochi. Una vastissima offerta di articoli e un settore dedicato all'informatica.

La Central del Raval

Elisabets, 6; tel. 93.5504646

M *Catalunya*

Una meravigliosa libreria in pieno quartiere del Raval; al suo interno si trova una piccola caffetteria dove si può pranzare, leggendo.

La Formiga d'Or

Avinguda Portal de l'Àngel, 5

Tel. 93.3023942; M *Catalunya*

Il negozio non è più lo stesso del 1885, anno della sua apertura, ma l'atmosfera e lo spirito sono certamente quelli di una libreria centenaria, dove cercare, e spesso trovare, il meglio dell'editoria.

Libreria Canuda

Carrer Canuda, 4

Tel. 93.3023831

M *Liceu*

Libri d'arte veramente per tutti i gusti in questo negozio che propone edizioni nuove e vecchie, libri di seconda mano e scontati.

Ristoranti

Pizzerie, fast food modello McDonalds, centri commerciali dove a ogni ora del giorno si possono sgranocchiare patatine, gelati e hamburger sono lo"scotto"che Barcellona ha pagato per aggiornarsi alle ultime tendenze nel comparto della ristorazione. Ma è stata anche capace di non cancellare l'antica tradizione gastronomica e di affiancare a locali in stile techno o postmoderno ristoranti vecchio stile che preparano pochi ma originali piatti. A questo proposito, meglio ricordare da subito che la *paella*, mito della cucina spagnola, non è tipica della capitale della Catalogna – anche se qui se ne gustano di straordinarie – ma di Valencia.

Chi vuole pranzare o cenare con specialità tipiche barcellonesi, sappia che la cucina locale fonde piatti di terra con altri di mare. Da qui il trionfo di insalate e verdure che vengono offerte come antipasto (classico è il *pa amb tomàquet*, fetta di pane con un pomodoro maturo, un filo d'olio e aglio), l'*escalivada* (mix di melanzane e peperoni) e gli *espinacs a la catalana* (cotti con uva passa e pinoli); per non parlare delle salse: dall'*all i oli* (una sorta di maionese insaporita con aglio) al *sofreig* (cipolla, pomodoro e aglio vengono cotti nell'olio d'oliva), dalla *samfraina* (ne sono ingredienti cipolle, aglio, pomodori, zucchine, melanzane e pepe dolce) alla *picada* (crema a base di noci, pane fritto, prezzemolo e zafferano). In quanto città mediterranea, a Barcellona tutto viene cotto nell'olio d'oliva, anche se un tempo si usava molto il lardo; il succo delle olive è la base per l'*escudella i carn d'olla* (versione barcellonese del *cocido*, uno stufato di carne e ceci), per la *zarsuela* (stufato di pesce), il *suquet de peix* (zuppa di pesce e patate) e il *fideus* (variante della *paella* che al riso sostituisce gli spaghetti). Per gustare siffatte leccornie bisogna ricordare che i tempi di Barcellona per il pranzo e la cena sono simili a quelli del Sud Italia: di giorno non si va a tavola prima delle 14, e la sera mai prima delle 22. I prezzi sono ormai allineati a quelli delle maggiori città europee, anche se è molto in uso, a fianco del menu alla carta, il *menù del día*.

Molto costosi	*oltre 60 €*
Costosi	*35-60 €*
Prezzi medi	*25-35 €*
Economici	*fino a 25 €*

Ristoranti

MOLTO COSTOSI

Beltxenea
Carrer Mallorca, 275
Tel. 93.2153024
M *Diagonal, Passeig de Gràcia*

Meravigliosa cucina basca e ricca lista dei vini per questo ristorante dell'Eixample. Prenotazione obbligatoria.

Botafumeiro
Carrer Gran de Gràcia, 81
Tel. 93.2184230
M *Fontana*

Ristorante tra i più rinomati per la cucina a base di pesce e per la freschezza dei prodotti. Si servono un delizioso polpo alla galiziana e altre specialità di quella regione, con vini di ottima scelta.

Can Solé
Sant Carles, 4; tel. 93.2215012
M *Barceloneta*
www.cansole.cat

Uno dei ristoranti classici di Barcellona, Nato nel 1903 nel quartiere dei pescatori, proprio di fronte alla spiaggia, il Can Solé offre piatti preparati con i migliori e i più freschi ingredienti della cucina marinara. Una in particolare è la sua specialità: l'*arroz caldoso Can Solé*, riso brodoso preparato in due varianti, una con astice e l'altra con granchio rosso norvegese. Da non perdere l'altrettanto delizioso baccalà alla catalana o i gamberi di Palamos.

Casa Calvet
Carrer Casp, 48
Tel. 93.4124012
M *Urquinaona*

Sapori catalani in un ambiente unico (la casa Calvet). Il menu propone raffinate pietanze, accompagnate da un'ampia lista dei vini.

El Café de la Princesa
Sabateret, 1; tel. 93.2681518
M *Jaume I*
www.cafeprincesa.com

È uno spazio polivalente, con un negozio, un'area dedicata alle attività culturali e un ristorante. Situato in un edificio del XIX sec., proprio nel cuore del quartiere Ribera, il ristorante offre una cucina internazionale in un contesto romantico ed elegante. A pranzo c'è l'opportunità di scegliere un menu economico, la sera invece, oltre a cenare, in alcuni giorni è possibile assistere a spettacoli di musica jazz o soul.

I vini

Il fatto che la Spagna sia fra i maggiori produttori europei di vino fa sì che si abbia quasi l'imbarazzo della scelta, quanto alle etichette. Limitandosi a quelli catalani, si hanno a disposizione sia i rossi del Priorat, poco corposi, sia i bianchi del Penedés, spesso fruttati; ottimi anche i *cava*, cioè gli spumanti. Altrimenti, si può "ripiegare" su quelli del resto della Spagna: dai rossi corposi e dalla gradazione abbastanza alta della Rioja a quelli, ugualmente rossi e altrettanto forti grazie all'invecchiamento, del Duero, o a quelli dell'Andalusia.

El Principal

Provença, 286; tel. 93.2720845

M *Diagonal*

www.grupotragaluz.com/rest-principal.php

Situato in un elegante edificio dell'Eixample, a pochi metri da La Pedrera e dalla Casa Batlló. L'ambiente è moderno e raffinato, la cucina creativa e mediterranea a un prezzo accessibile, sebbene non economico. All'interno si trova un patio con un giardino suggestivo. El Principal ha a disposizione grandi sale adatte a ospitare gruppi numerosi; è possibile inoltre affittare i locali per cerimonie.

La Dama

Avinguda Diagonal, 423

Tel. 93.2020686

M *Diagonal;* B *6, 15, 27, 31, 33, 34, 58, 64, 67, 68*

www.ladama-restaurant.com

In un edificio modernista del 1918 nell'elegante avinguda Diagonal. La carta, attentamente compilata dallo chef Josep Bullich, presenta ottimi piatti di pesce e di carne a prezzi elevati, ma anche due menu degustazione più economici.

La Maison du Languedoc Roussillon

Carrer Pau Claris, 77; tel. 93.3010498

M *Urquinaona*

I piatti appartengono alla tradizione gastronomica del Sud-ovest della Francia. La cucina, di eccellente qualità, utilizza prodotti freschissimi fatti giungere espressamente dai luoghi di origine.

Lasarte

Carrer Mallorca, 259; tel. 93.4453242

M *Passeig de Gracia, Diagonal*

Cucina d'autore, dello chef basco Martín Berasategui, in pieno Paseo de Gracia, Ambiente legante e sofisticato, piatti di alta qualità. Una stella Michelin.

Neichel

Carrer Beltrán i Rózpide, 16 bis
Tel. 93.2038408; B *63, 78*

Propone una cucina tradizionale francese adattata ai prodotti locali. Il menu degustazione permette di provare diverse specialità del locale (carpaccio d'anatra, carciofi con vinaigrette di tartufi, croccante di spezie e gelato di *mató*). Necessaria la prenotazione.

Petit Comité

Passatge de la Concepció, 13
Tel. 93.3500620
M *Diagonal*
www.petitcomite.cat

Fermí Puig, lo chef del Drolma, uno dei migliori ristoranti della città, è anche l'artefice della cucina del Petit Comité, un locale elegante dall'atmosfera moderna e sobria, dove è possibile degustare i piatti tipici della cucina tradizionale catalana a un prezzo adeguato. Tutte le portate sono eccellenti; tra le specialità: la *escudella amb pilotetes* (uno stufato con la tipica salsiccia catalana e verdure), l'*arròs i fideus* (una tradizionale zuppa), i *canelons de Festa Major*, il *trinxat de la cerdanya* (a base di verza), gli arrosti o il *bacallà amb espinacs, panses i pinyons* (baccalà con uvetta e pinoli).

Roig Robí

Carrer Sèneca, 20
Tel. 93.2189222
M *Diagonal*

In una piccola via non lontana dall'avinguda Diagonal, il Roig Robí propone piatti della tradizione gastronomica catalana.

Torre d'Alta Mar

Joan de Borbó, 88, Torre Sant Sebastiá
Tel. 93.221007
M *Barceloneta*

Ristorante all'interno della torre Sant Sebastiá, a 75 metri di altezza, con vista sulla città e sul mare. Ambiente sofisticato e trendy, cucina mediterranea specializzata in pesce e frutti di mare. La prenotazione è obbligatoria. Chiuso domenica.

Via Veneto

Carrer Ganduxer, 10-12
Tel. 93.2007244; B *6, 34*

Uno dei migliori ristoranti di cucina catalana di Barcellona. Tra le specialità granseola con asparagi, l'orata al forno con vino vecchio e la torta al cioccolato. Ottima selezione di vini, cognac e digestivi.

COSTOSI

Ca' L'Isidre

Les Flors, 12; tel. 93.4411139
M *Poble Sec*

Cucina catalana di prima qualità in un ambiente semplice e caratteristico, arredato con mobili antichi. Ciò che lo rende speciale è l'utilizzo di ingredienti di prim'ordine, freschi e rigorosamente di stagione.

Cal Pep

Plaça de les Olles, 8; tel. 93.3107961
M *Jaume I*

Si può scegliere tra un rapido spuntino a base di gustose *tapas* e un pranzo in piena regola, con piatti di pesce o specialità di terra. Probabilmente qui si mangiano le migliori *tapas* della città.

Casa Leopoldo

Carrer Sant Rafael, 24; tel. 93.4413014
M *Sant Antoni*

Uno dei ristoranti più conosciuti della città e meta, dal 1929, di personaggi famosi e gente comune. La cucina è catalana, con i migliori ingredienti, e una lista dei vini di tutto rispetto. Prenotare in anticipo.

El Asador de Aranda

Avinguda del Tibidabo, 31
Tel. 93.4170115
M *Avinguda del Tibidabo*

Cucina castigliana di buona qualità. Ottimi gli antipasti di salumi, il sanguinaccio al riso, l'agnello arrostito nel forno a legna e i ghiotti millefoglie.

El Tunel del Port

Moll de Gregal, 12
Tel. 93.2210321
M *Ciutadella*

Situato nel Porto Olimpico, si affaccia sul mare con una terrazza dove pranzare all'aperto. La cucina a base di pesce è di ottima qualità e il servizio cortese e attento.

La paella

Anche se, come detto, non è un piatto tipico catalano, la *paella* resta sempre un classico irrinunciabile. Ecco la ricetta.

Ingredienti per 4/5 persone: *600 g di riso; 200 g di salsiccia; 200 g di gamberi; 200 g di cozze sgusciate; 100 g di piselli; 10 g di peperoncino di Cayenna; 1 pollo; 2 peperoni; 4 pomodori; 1 cipolla; 3 spicchi d'aglio; olio d'oliva e sale.*

Tagliare finemente le cipolle e rosolarle in olio caldo. Aggiungere pomodori, piselli e peperoncino di Cayenna e lasciar cuocere per circa 10 minuti. Unire il pesce, la salsiccia e il pollo a pezzettini e mescolare il tutto. Addizionare il riso e aggiungere acqua calda per almeno il doppio del volume del riso, salare e spolverare di aglio e prezzemolo, lasciando che bolla per circa 20 minuti o comunque sino a quando l'acqua non è evaporata. Decorare il tutto con striscioline di peperone e servire.

La Balsa

Carrer Infanta Isabel, 4
Tel. 93.2115048
B *64, 73*

Un ambiente estremamente gradevole e caldo fa da sfondo a una cucina impeccabile, ispirata alla tradizione catalana.

La Venta

Plaça del Doctor Andreu, s/n
Tel. 93.2126455
B *58, 75, 85*

Sulla collina del Tibidabo, con una vista splendida sulla città. La cucina, di tradizione catalana, è particolarmente curata e propone ottimi dessert.

Les Ostres

Carrer València, 267
93.2090381
M *Passeig de Gràcia*

Ristorante centrale – gradevole e simpatico – che, come indica il suo stesso nome, fa delle ostriche, sempre freschissime, la sua specialità.

L'Oliana

Carrer Santaló, 54
Tel. 93.201064
B *14*

Ristorante tra i più frequentati nella zona a nord della Diagonal. Cucina creativa basata su ingredienti tradizionali; soddisfacente la carta dei vini.

Paco Alcalde

Carrer Almirall Aixada, 23
Tel. 93.2215026
M *Barceloneta*

Dal 1921 questo ristorante nel porto vecchio propone una gustosa cucina a base di pesce fresco, frutti di mare e crostacei. Ottime la zuppa di pesce e la *paella* alla catalana, con la pasta al posto del riso.

Patagonia. Beef and Wine

Gran Via de les Corts Catalanes, 660
Tel. 93.3043735
M *Catalunya, Passeig de Gràcia*
B *7, 16, 17, 22, 24, 28, 47, 50, 54, 56, 62*
www.patagoniabw.com

Si tratta sicuramente del miglior ristorante argentino di Barcellona. Un ambiente gradevole e tranquillo e un servizio perfetto offrono il miglior modo di assaporare la deliziosa carne argentina nei suoi diversi tagli più tradizionali, così come alcuni eccellenti vini del paese sudamericano.

Peixerot

Carrer Tarragona, 177
Tel. 93.4246969; M *Tarragona*

I piatti a base di riso e l'orata al sale sono il fiore all'occhiello di questo ristorante.

Real Club Maritim - Pòsit

Moll d'Espanya, s/n
Tel. 93.221 62 56
M *Drassanes*

Cucina a base di pesce freschissimo, frutti di mare e riso (da provare le melanzane con formaggio di capra e l'orata con le mele). Ambiente elegante, con splendida vista sul mare e sulla città, e servizio attentissimo.

Rias de Galicia

Carrer Lleida, 7
Tel. 93.4248152
M *Espanya*

Ambiente elegante e intimo. Nel menu predominano i piatti a base di pesce e le gustose specialità della cucina galiziana; da gustare il prosciutto di spalla con foglie di rapa.

Semproniana

Carrer Rosselló, 148; tel. 93.4531820
M *Diagonal*

In un'antica stamperia di cui si sono conservati alcuni oggetti d'arredo, propone un menu improntato alla cucina creativa.

Set Portes

Passeig Isabel II, 14; tel. 93.3193033
M *Barceloneta*

Famoso e antico ristorante, è sicuramente uno dei più amati dai barcellonesi. Il menu è assai ricco, soprattutto per quanto riguarda gli antipasti con frutti di mare, caldi e freddi; eccellenti le ricette a base di riso.

Tragaluz

Passeig de la Concepció, 5
Tel. 93.4870621
M *Diagonal*

Cucina mediterranea per questo ristorante molto alla moda, situato in una piccola via nell'Eixample. Al piano terra bar e sala per spuntini giapponesi.

Triton

Carrer Alfambra, 16
Tel. 93.2033085
M *Zona Universitaria*

Un ristorante che propone un menu di piatti semplici ma gustosi, appartenenti alla cucina classica catalana. Si mangia bene senza spendere troppo, in un ambiente simpatico e informale.

Windsor

Carrer Córsega, 286; tel. 93.2377588
M *Diagonal*

Interessante adattamento della cucina catalana tradizionale. Si segnalano i piatti a base di pesce e crostacei. La carta include anche diversi tipi di menu degustazione, così come una vasta scelta di vini. Le sale sono magnifiche, con affacci su un giardino interno, in un ambiente sereno ed elegante.

PREZZI MEDI

Agua

Passeig Marítim, 30; tel. 93.2251272
M *Ciutadella*

Uno dei ristoranti più in voga a Barcellona, con una sala da pranzo posta direttamente sulla spiaggia e affollata, nella bella stagione, di tavoli dove si cena a lume di candele e torce. Cucina mediterranea.

Agut

Carrer Gignás, 16; tel. 93.3151709
M *Jaume I*

Ristorante tradizionale che propone cucina tipica in un ambiente familiare e caloroso, nel centro storico di Barcellona. Una grande opportunità per gustare un autentico menu catalano: zampa di maiale, baccalà e... naturalmente, vera crema catalana!

Amaya

Rambla, 24; tel. 93.3021037
M *Liceu*

Giustamente famoso per la gustosa cucina, frutto di una mescolanza tra tradizioni catalane e basche, ha anche una vasta scelta di *tapas*. Dopo le 21 anche caffetteria.

Brasserie Fló

Carrer Jonqueres, 10
Tel. 93.3193102
M *Urquinaona*

Ottima cucina francese e catalana a due passi dal Palau de la Música. Ospitato in una ex fabbrica di tessuti, è stato arredato con mobili in stile déco.

Café de la Academia

Carrer Lledo I
Tel. 93.3198253
M *Jaume I*

Non è un caffè, ma un ristorante di grande qualità sulla deliziosa piazzetta di Sant Just. Da provare il riso con brodo di seppie, gli spiedini di tonno con pancetta e cicoria e le quaglie ripiene.

Can Majó

Carrer Almirall Aixada, 23
Tel. 93.2215455
M *Barceloneta*

Cucina a base di frutti di mare, riso e pesce: è considerato il migliore nel settore del pesce della zona, addirittura il tempio del *suquet*, il gustoso stufato tipico della Costa Brava.

Ciudad Condal

Rambla de Catalunya, 18
Tel. 93.3181997
M *Catalunyia, Passeig de Gràcia*
B *7, 16, 17, 22, 24, 28, 47, 50, 54, 56, 62*

Uno dei ristoranti di *tapas* più popolari a Barcelona, sia tra i turisti che tra gli stessi barcellonesi. Ben posizionato in centro, ha un locale ampio e gradevole, con una terrazza sulla rambla de Catalunyia. Offre *tapas* di diversi tipi, specialmente di pesce, a un prezzo molto ragionevole. L'unico inconveniente è la sua popolarità: si rischia di dover fare una lunga coda prima di avere un tavolo.

El Barkito

Carrer Córsega, 225
Tel. 93.4305160
M *Diagonal, Hospital Clinic*

L'arredamento ricorda l'interno di una barca. Il cavallo di battaglia è la frittura di pesce, sempre croccante, leggera e squisita. Anche i piatti di riso e i secondi a base di merluzzo valgono una cena.

El Drapaire

Carrer Sitges, 11; tel. 93.3172524
M *Catalunya*

Ottimi piatti catalani e gustosi salumi da accompagnare con un buon bicchiere di vino. Ecco la formula vincente di questo locale rustico.

El Gran Café

Carrer Avinyó, 9
Tel. 93.3187986
M *Jaume I*

Il Gran Café è un ristorante storico, un'istituzione della città vecchia, dove è possibile gustare un'ottima cucina catalana, con influenze francesi.

El Merendero de la Mari

Plaça Pau Vila, 1
Tel. 93.2213141
M *Barceloneta*

Si distingue sia per la qualità dei piatti (ottime le fritture di pesce, i piatti di riso e le frittelle di baccalà) sia per l'arredamento curato.

El Vaso de Oro

Balboa, 7
Tel. 93.3193098
M *Barceloneta*
www.elvasodeoro.es

Si tratta di una birreria molto piccola, con un lungo bancone e pochissimi tavoli. Al bancone si servono *tapas* veramente squisite, tanto che in città è considerato uno dei migliori locali del suo genere. Si trova nell'antico quartiere dei pescatori, il che conferisce al locale un'aria popolare, l'unico problema consiste nel riuscire ad aprirsi un varco al bancone per poter accedere alle rinomate *tapas*.

En Ville

Doctor Dou, 14; tel. 93.3010068
M *Catalunya*

Curata cucina mediterranea a buon prezzo, in un bistrot dall'ambiente giovane e accogliente nel rinnovato barrio del Raval. Molto frequentato da artisti, musicisti e intellettuali che abitano nel quartiere. Musica dal vivo il sabato sera.

Escribà Xiringuito

Litoral Mar, 42; tel. 93.2210729
M *Ciutadella*

Affacciato sul porto, i proprietari sono pasticceri di antica tradizione ed è per questo che funziona anche come caffetteria. Il menu comprende una vasta gamma di *tapas* e alcuni piatti di pesce.

Il Giardinetto

Carrer La Granada del Penedès, 22
Tel. 93.4156234
M *Diagonal*

Molto frequentato, ideale per una cena intima e romantica; il menu ha nella pasta, nelle zuppe e nei carpacci i suoi punti di forza.

Laie Libreria Café
Carrer Pau Claris, 85
Tel. 93.3027310
M *Urquinaona*

Bella sala ristorante e caffetteria, dove vengono organizzate interessanti mostre, conferenze e incontri letterari.

La Lluna
Santa Anna, 20
Tel. 93.3424479
M *Catalunya*
www.lallunarestaurant.com

Nascosto in uno stretto vicolo che parte dalla calle Santa Anna, in prossimità delle Ramblas, di plaça de Catalunya e della bellissima chiesa di Santa Anna, si trova questo ristorante elegante, tranquillo e molto economico. Un lucernario centrale riempie di luce il salone belle époque del locale. La cucina è quella della tradizione mediterranea, il suo punto forte è il rapporto qualità/prezzo.

La Provença
Carrer Provença, 242
Tel. 93.3232367
M *Provença, Diagonal*

Cucina mediterranea di gran qualità in un ambiente allegro e accogliente. Buona la carta dei vini e dei dessert.

L'Olivé
Balmes, 47
Tel. 93.4521990
M *Passeig de Gràcia, Universitat*

Ristorante di tradizione, dove gustare specialità cucinate con maestria; da non perdere l'ottima crema catalana.

Los Caracoles
Passatge Escudellers, 14
Tel. 93.3023185; M *Liceu*

La folla vociante, l'ambiente rustico e il via vai dei camerieri indaffarati caratterizzano questo locale, noto principalmente per la prelibatezza delle carni che vi si possono gustare: dal pollo arrosto all'agnello da latte, al maialino di Segovia.

Ristoranti

Mastroqué

Carrer Còdols, 29; tel. 93.3017942

M *Jaume I*

Questo ristorante nei pressi del porto vecchio propone una cucina creativa fortemente influenzata da quella francese.

Pa i Trago

Carrer Parlament, 41; tel. 93.4411320

M *Sant Antoni*

Un ristorante tipico con arredi in legno scuro e tovaglie a grandi quadri bianchi e rossi; la più tradizionale cucina catalana trova qui un'interpretazione assolutamente fedele delle ricette.

Pitarra

Carrer Avinyó, 56

Tel. 93.3011647

M *Jaume I*

Un locale curioso e di grande valore culturale; le specialità gastronomiche sono l'anatra con funghi, la zuppa di pesce e frutti di mare, la cacciagione e i dessert.

Restaurante del Teatre Nacional

Plaça de les Arts, 1

Tel. 93.3065700

M *Glòries*

Offre la comodità di poter cenare dopo la fine degli spettacoli. Le sue sale sono gradevoli ed eleganti e la cucina classica e gustosa.

Senyor Parellada

Carrer Argenteria, 37

Tel. 93.3105094

M *Jaume I*

www.senyorparellada.com

Cucina catalana per questo ristorante nel quartiere Ribera. Da non perdere i gustosi piatti a base di riso.

Taira

Carrer Comerç, 7

Tel. 93.3196614

M *Jaume I*

Ristorante con autentica cucina giapponese di grande qualità. L'ambiente è molto intimo e arredato in vero stile minimalista.

ECONOMICI

Appetitus

Carrer París, 162; tel. 93.4194933
M *Hospital Clinic*

Ristorante moderno che offre alla sua clientela spazi gradevoli arredati con cura e una cucina classica.

Arc Café

Carabassa, 19; tel. 93.3025204
M *Drassanes*
www.arccafe.com

Un ristorante economico di cucina fusion, con piatti della tradizione mediterranea e internazionale – come il filetto di salmone alla crema di miele o il risotto con funghi e scaglie di parmigiano – e altri tipici della cucina orientale, come il curry piccante thailandese con pollo, tofu o gamberi. Un ambiente giovane animato da buona musica, in un spazio, vivace e allo stesso tempo intimo.

Bunga Raya

Assaonadors, 7; tel. 93.3193169
M *Jaume I*

Aperto solo la sera, questo ristorante di cucina orientale ha buoni piatti indonesiani e malesi.

Can Culleretes

Carrer Quintana, 5
Tel. 93.3176485
M *Liceu*

Antico ristorante posto nel centro città; il menu comprende tutte le specialità della cucina catalana di antica tradizione, come la salsiccia di maiale chiamata *botifarra*, con il classico contorno di fagioli bianchi.

Can Lluis

Carrer Cera, 49
Tel. 93.4411187
M *Sant Antoni*

Ristorante dall'atmosfera familiare, arredato con accurata semplicità. La cucina catalana è casalinga e di tradizione popolare, basata sulla freschezza e genuinità degli ingredienti, che sono sempre rigorosamente di stagione.

Egipte

Rambla, 79
Tel. 93.3179545
M *Liceu*

Tra i più popolari e frequentati ristoranti di pesce della città, offre piatti a base di baccalà e specialità catalane.

El Xampanyet

Carrer Montcada, 22; tel. 93.3197003
M *Jaume I*

Noto bar di *tapas*, deve il nome a un famoso cocktail di spumante catalano che solo qui preparano a regola d'arte.

Euskal Etxea

Placeta Montcada, 1/3; tel. 93.3102185
M *Jaume I*

Un locale piacevole, sempre molto affollato, in uno degli angoli più pittoreschi della città. Ottimi i vini baschi della casa.

Flash Flash Tortillería

Carrer La Granada del Penedés, 25
Tel. 93.2370990
M *Diagonal*

Un locale molto particolare, affollato anche da personaggi famosi. L'arredamento è giocato sui toni del bianco e nero.

Hàbaluc

Enric Granados, 41
Tel. 93.4522928
M *Hospital Clínic*
www.habaluc.com

Ristorante specializzato in "cucina sana" e vegetariana. Quasi tutte le portate presenti nel menu sono infatti vegetariane e vengono preparate con prodotti biologici e coltivati nel rispetto dell'ambiente. È possibile comunque trovare anche alcuni piatti a base di carne, naturalmente anch'essi assolutamente bio. L'arredamento è moderno e l'ambiente rilassante. Il prezzo è molto contenuto.

Irati

Carrer Cardenal Casañas, 17
Tel. 93.3023084; M *Liceu*

Una tra le più tipiche taverne basche della città. All'ora dell'aperitivo si riempie di un'infinita varietà di *chistorras* (salamini), insalate con salse, peperoni piccanti ripieni, frittate e sandwich. Nella sala ristorante si possono gustare piatti della tradizione basca a base di pesce.

La Muscleria

Carrer Mallorca, 290
Tel. 93.4589844
M *Verdaguer*

Più di venti modi diversi di cucinare le cozze: dalle ricette classiche a quelle che prevedono l'utilizzo di ingredienti particolari, come il roquefort. In alternativa, baccalà.

Les Quinze Nits

Plaça Reial, 6; tel. 93.3173075
M *Liceu*

Cucina catalana sotto i portici della deliziosa plaça Reial. Offre un'ampia scelta di piatti regionali, tra cui vanno menzionati i cannelloni di pesce, la paella e i golosi dessert.

Madrid-Barcelona

Aragó, 282; tel. 93.2157027
M *Passeig de Gràcia*

Sempre affollato, questo ristorante offre una buona cucina di pesce a prezzi ragionevoli.

Mesón Cinco Jotas

Rambla de Catalunya, 91/93; tel. 93.4878942
M *Passeig de Gràcia*

Le cinque "j" sono il marchio che dal 1879 contraddistingue i salumi di casa Carvajal, come dire il meglio in fatto di insaccati.

Piscolabis

Rambla de Catalunya, 27
Tel. 93.3069669; M *Passeig de Gracia*

Un locale moderno, centrale ed economico, dove poter mangiare *tapas* e piatti veloci. È situato in una bella casa modernista della rambla de Catalunya. Qui preparano le *tapas* al momento, di fronte al cliente, che le può consumare seduto nell'ampio dehors o nella piccola sala all'interno.

Rincón de Aragon

Carme, 28; tel. 93.3026789
M *Liceu*

Piccolo e informale ristorante di cucina aragonese che propone, oltre alle *tapas*, del prelibato agnello arrosto.

Taller de Tapas

Rambla de Catalunya, 49; tel. 93.3018020
M *Passeig de Gràcia*
Comtal, 28; tel. 93.4816233; M *Urquinaona*
Plaça S. Josep Oriol, 9; tel. 93.3018020
M *Liceu*
Argenteria, 51; tel. 93.2688559; M *Jaume I*
Travessera de les Corts, 64; M *Les Corts*
www.tallerdetapas.com

Taller de Tapas è una catena con cinque ristoranti dislocati nei luoghi turistici della città, tutti molto spaziosi, moderni e piacevoli. Oltre alle *tapas*, che sono di buona qualità e molto varie (di carne, di pesce o di verdura), offre anche una

selezione di piatti della cucina tradizionale catalana. Il prezzo è contenuto, questa catena di ristoranti offre infatti il miglior rapporto qualità/prezzo di Barcellona. Il locale della rambla de Catalunya, una delle vie più eleganti della città, attira turisti e curiosi in quanto è stato uno dei set del film *Vicky Cristina Barcelona* di Woody Allen.

Tapa Tapa

Passeig de Gràcia, 44
Tel. 93.4883369
M *Passeig de Gràcia*

Se volete gustare una grande varietà di *tapas* guardando la vita che anima il Passeig de Gràcia, questo è il locale per voi.

Txapela

Passeig de Gràcia, 8/10
Tel. 93.4120289
M *Passeig de Gràcia*

Locale in stile basco, offre un'ampia scelta di bocconcini e stuzzichini (i famosi *pintxos* di San Sebastian, cioè bruschettine farcite con verdure, carne o pesce) e buoni vini rossi Rioja.

Caffè e musica

Cafeterías, tascas, bodegas, granjas, colmados, cocktelerias, dietro questa infilata di nomi – ma ne esistono molti altri – si nasconde l'innato desiderio di divertirsi e di stare con gli altri degli abitanti di Barcellona. Nonostante non sia stata inventata qui – ma nella rivale Madrid – la celebre *movida*, la città pare non si spenga mai, con migliaia di persone che gremiscono all'inverosimile i teatri o i locali delle Ramblas come se l'indomani non dovessero andare a lavorare. Ma così, la capitale della Catalogna lo è da sempre, se solo si ricorda il celebre Els Quatre Gats e il suo ruolo di centro artistico e anche di più semplice locale alla moda.

Difficile che, in questo settore, la città lasci delusi i visitatori. Tutti almeno una volta si sono fermati in uno dei bar delle Ramblas; poi, a seconda delle proprie preferenze, ci si dirige nell'Eixample, dove i locali sono in buona parte arredati in stile postmoderno e costituiscono al contempo un luogo per riposarsi e per aggiornarsi sulle ultime invenzioni del design; al Port Olimpic, recuperato in occasione dei Giochi Olimpici del 1992 e fremente di vita anche all'alba; o, ancora, sulle pendici del Tibidabo, dove, tra il verde, si nascondono locali più esclusivi.

Se i locali non conoscono, praticamente ore morte (alla mattina sono "tappa obbligata" anche solo per un caffellatte), è in occasione dell'aperitivo, il rito per eccellenza del mondo spagnolo e barcellonese, che rivelano il loro volto migliore. Attorno alle 20, alla fine della giornata di lavoro, sono il punto di ritrovo per giovani e meno giovani, che con la scusa anche solo di chiacchierare o di organizzare la serata, accompagnano un calice di vino o una sangria con svariati assaggi di stuzzichini (le celeberrime tapas) che ricoprono i banconi.

BAR E CAFFÈ

Al Limón Negro

Escudellers Blancs, 3
Tel. 649.314705
M *Liceu*

Un locale notturno, aperto dalle 20 alle 3, dove poter bere in un ambiente giovane e rilassato, molto vicino alla plaça Reial e alle Ramblas. Con un arredamento particolare, di stile vintage, ma che viene cambiato continuamente e proprio per questo impossibile da descrivere con esattezza. Vi si programmano abitualmente concerti dal vivo di world music. La specialità del bar sono i *mojitos*.

Alsur Café

Carders, 17; tel. 93.1825407
M *Jaume I*
Sant Pere Més Alt, 4; tel. 93.3101286
M *Urquinaona*
www.alsurcafe.com

L'Alsur Café ha due locali, anche se il più grande e il migliore è quello in calle Carders. Si tratta di un caffè moderno, dove, a seconda delle ore del giorno, è possibile prendere un caffè al bar, degustare delle *tapas* e piatti veloci al ristorante o ascoltare musica dal vivo e consumare un drink nel lounge bar. L'ambiente è moderno e giovane. Durante i fine settimana prepara ricchi brunch.

Antiquari de Plaça del Rei

Veguer, 13
Tel. 93.3100435
M *Jaume I*

Per caffè e aperitivi, in un ex negozio di antichità. Fantastica terrazza e balconi su plaça del Rei.

Bar Celta

Carrer de la Mercé, 16
Tel. 93.3150006
M *Drassanes*

Un locale galiziano che offre gustose *tapas*, situato in quella zona del Barri Gòtic che si affaccia sul mare.

Bar del Pi

Plaça de Sant Josep Oriol, 1
Tel. 93.3022123
M *Liceu*

Classico *bar de tapas*, luogo di incontro all'ora dell'aperitivo, ubicato in una piccola piazza dominata dalla chiesa di Santa Maria del Pi. Nei weekend alcuni

pittori dilettanti vi espongono le loro opere. I tavolini all'aperto sono sempre affollati di turisti e avventori locali.

Bar Jardín

Portaferrisa, 17
Tel. 93.3429935
M *Liceu*

Galleria con veranda del XVII sec. e spazi interni a dir poco eterogenei, dove sorseggiare un caffè o mangiare semplici piatti. In estate un fresco e accogliente giardino offre riparo dalla calura.

Bar Lobo

Pintor Fortuny, 3
Tel. 93.4815346
M *Liceu*
www.grupotragaluz.com /barlobo

Un bar moderno ed elegante a pochi metri dalle Ramblas, nel cuore del quartiere del Raval. L'arredamento dal design raffinato attira un pubblico giovane e cosmopolita, è frequentato infatti da studenti universitari e da giovani professionisti di tutta Europa. Sebbene si tratta di un bar e un locale dove consumare essenzialmente drink, tuttavia serve *tapas* e piatti leggeri a qualsiasi ora: la cucina è aperta tutti i giorni dalle 12 alle 24.

Bar París de Barcelona

París, 187
Tel. 93.2098530
M *Diagonal*

Aperto dalle 6 del mattino alle 3 di notte; è il locale dove molti, all'uscita dalle discoteche e dai club, vanno a fare colazione, magari gustando il suo famoso panino con uova fritte.

Bar Ra

Plaça de la Gardunya
Tel. 93.3014163
M *Liceu*

Situato vicino al mercato della Boqueria, è un caffè ospitato all'interno di un vecchio magazzino in pietra. Buona la prima colazione e i semplici piatti da mangiare a mezzogiorno. Il brunch del fine settimana è ottimo.

Bar Rodrigo

Carrer Argenteria, 67
Tel. 93.3107814
M *Jaume I*

Ai piedi della maestosa chiesa di Santa Maria del Mar troverete questo divertente e animatissimo bar che offre numerose varietà di *tapas*.

Bosc de les Fades

Passatge de le Banca, 5
Tel. 93.3172649
M *Drassanes*

Piccoli concerti, presentazioni di libri, conferenze ma anche maghe e lettrici di tarocchi: queste le attività e le persone che contribuiscono a creare la particolare atmosfera di questo locale.

Caelum

Carrer de la Palla, 8
Tel. 93.3026993
M *Liceu*

Il Caelum offre prodotti artigianali confezionati in diversi monasteri: al piano terra ci si può sedere e prendere un caffè o un tè accompagnati da deliziosi pasticcini o anche solo comprare qualcosa, mentre nel seminterrato si può mangiare a qualunque ora, immersi in un'atmosfera medievale.

Café del Born Nou

Plaça Comercial, 10
Tel. 93.2683272
M *Jaume I*

La clientela alla moda di questo locale ama darsi appuntamento qui per chiacchierare, parlare di progetti artistici, leggere riviste d'arte, cinema e letteratura. L'ambiente è piacevole e rilassante, arredato con profusione di legni chiari e pareti decorate con trompe-l'œil.

Café de l'Opera

Rambla, 74; tel. 93.3177585
M *Liceu*

Situato di fronte al Teatre del Liceu, questo famosissimo caffè è uno degli ultimi autentici locali del genere che si possono trovare a Barcellona. È frequentato da gente comune, turisti, intellettuali, personaggi famosi e artisti. La "terrazza" all'aperto consiste in uno spazio sull'ampio spartitraffico delle Ramblas, su cui sono stati messi dei tavolini all'ombra di un tendone; è questo il posto ideale da cui osservare il passeggio sull'animatissima via.

Café del Sol

Plaça del Sol, 16
Tel. 93.4155663
M *Passeig de Gràcia*

Locale sede di frequenti mostre di pittura e fotografia, intrattiene i suoi clienti con ottima musica dal vivo. La sua posizione strategica nel cuore del quartiere di Gràcia lo rende sempre molto affollato.

Café Salambo

Torrijos, 51
Tel. 93.2186966
M *Joanic*

A poca distanza dalla piazza de la Virreina, un grande locale arredato in stile postmoderno, frequentato da cineasti, critici cinematografici, intellettuali e da semplici cinefili. Il posto giusto dove andare all'uscita dalle sale del cinema Verdi, che si trova proprio a fianco.

Caffè di Roma

Gran de Gràcia, 105
Tel. 93.4159562
M *Fontana, Diagonal*

Catena di locali, accoglienti e caratteristici, ideali per uno spuntino dolce a base di torte e cornetti, oppure per un rapido panino (*altre sedi in Ronda Sant Pere, 11* e *Comtal, 11*).

Casa Almirall

Joaquim Costa, 33
Tel. 93.3189917
M *Universitat*

Artisti, intellettuali e gente comune affollano questo bar fin dal 1860, anno della sua apertura. L'arredo, i pavimenti e le decorazioni portano i segni di tutto il tempo passato, per un'atmosfera unica e suggestiva.

Els Quatre Gats

Carrer Montsió, 3
Tel. 93.3024140; M *Catalunya*
www.4gats.com

Una sosta in questo locale, per il pranzo di mezzogiorno o per un semplice caffè, è quasi d'obbligo per chi ama le atmosfere cariche di storia e tradizione. Luogo di incontro per artisti e intellettuali, è arredato con mobili originali in stile modernista. Alle pareti fanno bella mostra di sé le fotografie dei clienti famosi e le opere di alcuni artisti catalani di fine Ottocento.

El Xampanyet

Carrer de Montcada, 22
Tel. 933197003; M *Jaume I*

In uno dei quartieri più caratteristici di Barcellona, vicino al museo Picasso, questo bar, dall'atmosfera rustica, offre una vasta scelta di ottime e gustose *tapas*. Notevoli le liste dei vini e degli champagne.

Glaciar

Plaça Reial, 3; tel. 93.3021163
M *Liceu*

In questo locale affacciato direttamente sull'animata plaça Reial si incontrano di sera turisti, studenti e barcellonesi doc per mangiare qualcosa e bere una buona birra.

HDP

Sant Joaquim, 37
Tel. 93.4154324
M *Fontana*

Un bar-club di biliardo, frequentato e gestito da persone simpatiche. Alle pareti fotografie di attori famosi con la stecca da biliardo in mano.

IT Café

Joaquín Costa, 4
Tel. 93.4430341
M *Sant Antoni*

Locale molto speciale, unico nel quartiere del Raval, occupa un grande spazio diviso in due zone separate. La prima, appena entrando, dall'arredamento moderno e piacevole, è il luogo ideale per prendere un caffè o una bibita a qualsiasi ora del giorno. La seconda è un ambiente confortevole e allo stesso tempo divertente, arredato con poltrone e sedie di tutti i tipi, moderne, antiche e di design. Il locale, frequentato da giovani, universitari, attori, artisti ecc., è uno dei luoghi alla moda di Barcellona.

La Cerería

Baixada de Sant Miquel, 3-5
Tel. 93.3018510
M *Liceu, Jaume I*

Atmosfera familiare e accoglienza gentile in questo bar dove i giovani della zona vengono per leggere, mangiare qualcosa e chiacchierare. Si può stare seduti all'aperto, ai tavolini nel vicolo.

La Confitería

Carrer Sant Pau, 128
Tel. 93.4430458
M *Paral·lel, Liceu*

Nei locali di un'antica pasticceria in stile modernista, un caffè molto caloroso e genuino. Ideale per una pausa pomeridiana, o per bere un bicchiere alla sera. Rimane aperto fino alle 3 del mattino.

La Taberneta

Enric Granados, 98
Tel. 93.4155966
M *Diagonal*

Se vi trovate da queste parti all'ora di pranzo, potrete gustare l'ottima cucina catalana di questo locale che alla sera si trasforma in un ritrovo dall'atmosfera bohémienne. Chi lo desidera può esibirsi suonando davanti a un pubblico attento e caloroso o farsi leggere i tarocchi.

La Vinya del Senyor
Plaça Santa Maria, 5
Tel. 93.3103379
M *Jaume I*

Buona scelta di vini in questo bar/enoteca proprio di fronte alla grande chiesa di Santa Maria del Mar. È piacevole sedersi ai tavolini all'aperto della piazza e guardare il passeggio domenicale.

Margarita Blue
Carrer Josep Anselm Clavé, 6
Tel. 93.4125489
M *Drassanes*

Un vecchio ufficio doganale a un isolato dal porto, trasformato in un ritrovo alla moda. Si possono gustare specialità della cucina tex-mex e bere ottimi e fantasiosi cocktail, tra cui il potente Margarita Blue, che ha dato il nome al locale.

Marsella
Sant Pau, 65; tel. 93.4125489
M *Liceu*

Un vecchio caffè dalle decorazioni segnate dal tempo, in una via che corre a fianco del Teatre del Liceu. Arredamento dell'inizio del Novecento e clientela abituale, composta da modaioli, giovani dell'alta borghesia e turisti. Seduti al banco, non perdetevi l'assenzio (*ersatz*).

Más y Más
Marià Cubí, 199
Tel. 93.3191789
M *Muntaner*

Locale molto conosciuto e frequentato da chi vive la notte di Barcellona. È aperto fino alle 3 del mattino.

Mirablau
Plaça Dr. Andreu s/n
final avinguda Tibidabo
Tel. 93.4185879
Capolinea Tramvia Blau

Ambientazione postmoderna per questo bar musicale disposto su due piani totalmente a vetrate, che permettono una vista magnifica su tutta la città; molto alla moda.

Monvínic
Diputació, 249; tel. 93.2726187
M *Passeig de Gràcia*
www.monvinic.com

Secondo la rivista «Food and Wine», si

tratta di uno dei cinque migliori wine-bar del mondo e addirittura per il critico del «The Wall Street Journal» si tratterebbe del migliore. Monvínic è uno spazio composito, dove è possibile trovare un moderno ed elegante bar con una vastissima selezione di vini in bottiglia o al bicchiere provenienti da tutto il mondo, un ristorante, una zona degustazione di vini, corsi di enologia e un centro di studio e documentazione fornito di una ricca biblioteca enologica. L'enoteca del Monvínic è veramente spettacolare.

Opium Mar

Passeig Marítim, 34
Tel. 93.2259100
M *Ciutadella*
www.opiummar.com

È probabilmente il club più cool di Barcellona. Il bel mondo di passaggio in città si ritrova ogni giorno in questa struttura di fronte al mare che offre diverse opportunità. Vi si trovano, per esempio, due

ristoranti: il Beach Club, situato su una terrazza dalla vista spettacolare e che è aperto tutti i giorni dalle 11.30 alle 24, e l'Opium Mar, in funzione solo il venerdì e il sabato sera. Il cuore pulsante dell'Opium Mar Club è comunque la zona destinata a discoteca e dove è possibile consumare un drink.

Pitin Bar

Passeig del Born, 34
Tel. 93.3195087
M *Jaume I*

Nei pressi del museo Picasso e del mercato del Born, è un locale molto frequentato, con interni un po' kitsch, decorati con oggetti spiritosi e divertenti. Bello lo spazio all'aperto.

Schilling

Carrer Ferran, 23
Tel. 93.3176787
M *Liceu*

Un locale alla moda, sempre affollato a qualsiasi ora del giorno. Ospita frequentemente mostre di giovani artisti; è il posto giusto dove andare per guardare e farsi guardare. Golosa pasticceria e semplici piatti.

Shoko

Passeig Marítim, 36
Tel. 93.225 92 00
M *Ciutadella, Vila Olímpica*
www.shoko.biz

Il Shoko combina ristorante, bar e discoteca in un luogo privilegiato, di fronte al mare di Barcellona. Negli ultimi anni è diventato uno dei ritrovi alla moda della città, che offre un ambiente giovane, selezionato e cool. Arredamento orientale, cucina asiatica e mediterranea di alta qualità, drink e *combinados* (piatti unici composti da varie pietanze), un lounge bar moderno e cosmopolita e, infine, un club che apre a mezzanotte e mezza, dove i dj propongono ottima musica.

Tostadero Bon Mercat

Pons i Gallarza, 9-13; tel. 93.3468800
M *Sant Andreu*

Punto di degustazione aperto da una torrefazione non lontano dalla cattedrale. Ampia scelta tra caffè di Giava, Sumatra, Giamaica, Kenya e tra vari tipi di tè. Non sarà difficile raggiungerlo: un aroma delizioso vi guiderà.

Velódromo

Muntaner, 213
Tel. 93.4306022
M Hospital Clínic

Durante il giorno funziona come bar e caffè, anche se la cucina è sempre aperta, praticamente per 21 ore al giorno (e cioè tutti i giorni, dalle 6 della mattina alle 3 dell'alba). Nelle ore di pranzo e cena si trasforma in uno dei ristoranti di *tapas* più caratteristico e più rappresentativo della città. Il Velódromo ha una lunga storia e per molto tempo è stato luogo di incontro per gente di ogni provenienza e condizione. Rinnovato da pochi anni, il locale è stato rilevato dallo chef Carles Abellán, che ha già ricevuto una stella Michelin.

Venus Delicatessen

Carrer d'Avinyó, 25; tel. 93.3011585
M *Jaume I, Drassanes*

Nel cuore della città vecchia si trova questo accogliente bar d'angolo tutto a vetri, dove gustare buone insalate, sandwich e torte.

Viader

Xuclá, 4-6
Tel. 93.3183486
M *Catalunya*

Se capitate da queste parti verso le 17, non perdetevi una sosta in questa cremeria-sala da tè, la più vecchia latteria di Barcellona, aperta dal 1876: cioccolata, pasticcini, crema catalana e la specialità della casa: la *leche mallorquina* (latte fresco con cannella e limone).

Caffè e musica

Virreina Bar
Plaça de la Virreina, 1
Tel. 93.2379880
M *Fontana*

Bar di quartiere con piacevoli tavolini all'aperto, dove in estate è bello sedere, godendo dei caldi raggi del sole fino al tardo pomeriggio.

Xampu Xampany
Gran Via de les Corts Catalanes, 702
Tel. 93.2650483
M *Girona*

Grande varietà e ottima scelta di spumanti catalani (*cava*) per questo elegante ed accogliente bar-enoteca.

Zig Zag
Carrer Plató, 13
Tel. 93.2016207
M *Muntaner*

Nella parte alta della città, uno dei locali più alla moda del panorama barcellonese, con musica house e funky in sottofondo.

COCKTAIL E PIANO BAR

Boadas
Carrer Tallers, 1
Tel. 93.3188826; M *Catalunya*

La *cocteleria* più nobile e antica di tutta Barcellona, frequentata da intellettuali, uomini politici, artisti e gente comune, tutti attratti dall'atmosfera particolare di questo locale.

Dry Martini
Carrer Aribau, 162; tel. 93.2058070
M *Diagonal*

Dietro al bancone si trova uno dei più capaci e famosi barman di Barcellona, Javier de las Muelas, che miscela ingredienti di qualità per cocktail perfetti.

El Copetín
Passeig del Born, 19; M *Jaume I*

Ambiente e musica caraibica caratterizzano questo bar frequentato dai nottambuli locali. Fra i cocktail predominano quelli di origine centro e sud americana e liquori forti come il cileno *pisco*.

El Paraigua
Carrer Pas de l'Ensenyança, 2
Tel. 93.3021131
M *Jaume I*

Accogliente locale arredato in stile modernista e distribuito su due piani: al primo potrete sorseggiare un caffè ascoltando brani di musica classica, al secondo, invece, cocktail e buon whisky.

Gimlet
Carrer Santaló, 46
Tel. 93.20153206
M *Fontana*

Bar di qualità, frequentato da giovani uomini d'affari; diversa atmosfera per il Gimlet che si trova in carrer Rec, un bar in stile americano anni Cinquanta frequentato da artisti e intellettuali.

Notizie sulla notte

Essendo la città una capitale europea del divertimento, esistono ben due riviste che tengono aggiornati i barcellonesi e i turisti sulle ultime tendenze: sono la «Guia del Ocio», che nel nome (Guida dell'Ozio) è un invito al divertimento puro, e «La Agenda de Barcelona», che riportano gli spettacoli teatrali e cinematografici, le mostre e quant'altro in cartellone giorno per giorno.

Ideal

Carrer Aribau, 89
Tel. 93.4531028
M *Diagonal*

In un ambiente lussuoso dall'atmosfera tipicamente barcellonese, un cocktail bar molto frequentato.

L'ascensor

Bellafila, 3
Tel. 93.3185347
M *Jaume I y Liceu*

Si tratta di un particolare e piccolo locale del quartiere gotico, aperto dalle 18 alle 3. Per accedervi è necessario oltrepassare le porte originali di un antico ascensore, che dà il nome al locale. Una volta entrato, il cliente può consumare *mojitos, caipirinhas, daiquiris* e ogni tipo di cocktail e bevande in un ambiente giovane e rilassante, ascoltando buona musica.

Miramelindo

Passeig del Born, 15
Tel. 93.3103727
M *Jaume I*

Un caffè notturno ospitato in un bell'edificio gotico, aperto fino a tardi. L'atmosfera all'interno è data dalle luci soffuse e dalla buona musica di sottofondo.

Oliver & Hardy

Avinguda Diagonal, 593
Tel. 93.4193181
M *Hospital Clinic*

In un interno dell'avinguda Diagonal, proprio di fianco all'hotel Hilton, si trova questo raffinato bar, che è anche ristorante e discoteca. Tutti i mercoledì sera si può ascoltare musica dal vivo.

FLAMENCO E MUSICA DAL VIVO

Bar Pastis

Santa Monica, 4; tel. 93.3187980
M *Drassanes*

Può capitare di entrare in questo locale per bere qualcosa e trovarsi ad ascoltare un buon concerto jazz. In ogni modo merita una visita per la sua suggestiva atmosfera ricca di storia e fascino.

Espai Barroc

Carrer Montcada, 20; tel. 93.3100673
M *Jaume I*

Al piano terra di un palazzo del XVII sec.,

di fronte al patio centrale, è decorato in stile barocco. Si può prendere un drink ascoltando musica classica o barocca dal vivo alla luce delle candele, comodamente seduti sulle fantastiche poltrone: un posto davvero unico.

Harlem Jazz Club

Carrer Comtessa de Sobradiel, 8
Tel. 93.3100755; **M** *Liceu*

Nei pressi del porto vecchio, vi si esibiscono i migliori gruppi jazz del panorama musicale spagnolo e internazionale.

Jamboree

Plaça Reial, 17; tel. 93.3183067
M *Liceu*

Un celebre jazz club, in un seminterrato sotto i portici della plaça Reial, per giovani amanti del jazz e della musica in generale. Alla fine dei concerti si trasforma in discoteca con musica rap, funky e afro.

Jazz sí Club

Resquesens, 2
Tel. 93.3290020
M *Sant Antoni*

Nel quartiere di Raval, si trova questo piccolo e caratteristico locale a metà tra un bar e un club di musica jazz dal vivo.

La Boîte

Avinguda Diagonal, 477
Tel. 93.4195950
M *Diagonal*

Buoni concerti di jazz, blues e soul ogni sera, in un ambiente intimo e intrigante che richiama un pubblico di musicisti, artisti e bohémien.

London Bar

Carrer Nou de la Rambla, 34
Tel. 93.3185261
M *Drassanes*

Locale composto da due sale, sempre affollate di giovani studenti. Nella prima, più tranquilla, arredamento originale in stile art nouveau; nella seconda una grande pedana ospita, dal vivo, concerti di gruppi musicali.

Luz de Gas

Carrer Muntaner, 246; tel. 93.2097711
M *Diagonal*

Un ex music-hall dove si possono ascoltare ottimi gruppi jazz, country e salsa. La clientela abituale è composta da personaggi famosi della finanza, dello spettacolo e dell'economia.

Nick Havanna

Carrer Rosselló, 208
Tel. 93.2156591
M *Diagonal*

Per gli amanti della musica dal vivo

organizza concerti di musica pop-rock, funky, dance e salsa. Sempre affollatissimo, è considerato il luogo culto della notte.

Patio Andaluz

Carrer Aribau, 242; tel. 93.2093378
M Diagonal

Locale di ottimo livello, meta di molti turisti alla ricerca del folclore spagnolo più tradizionale. Propone flamenco non troppo duro ma di qualità, pensato per un pubblico per lo più digiuno di questa danza.

Tablao de Carmen

Av. Marqués de Comillas, Pueblo Espanyol, Montjuïc
Tel. 93.3256895
M Plaça d'Espanya

Locale di grande fama, si trova all'interno del Poble Espanyol. Frequentato da gruppi di turisti, offre la possibilità di cenare mentre si assiste agli spettacoli di flamenco.

Tarantos

Plaça Reial, 17; tel. 93.3183067
M Liceu

Bar musicale che propone concerti dal vivo e spettacoli di flamenco. A una certa ora della notte si trasforma in discoteca, privilegiando ritmi latini e genere afro.

TEATRI E AUDITORIUM

Carrer Lepant, 150; tel. 93.2479300
M Marina/Monumental

Recentemente edificato di fronte al Teatre Nacional de Catalunya, è sede dell'Orchestra Sinfonica Nazionale di Catalogna.

Caixa Forum

Av. Marquès de Comillas, 6-8
Tel. 93.4768600; M Espanya
Mar.-dom.10-20

Impegnato nella promozione di attività culturali di vario genere, questo centro organizza concerti, mostre d'arte e conferenze. Ospita una mediateca, una libreria e una caffetteria.

Gran Teatre del Liceu

Rambla, 55; tel. 93.4859900
M Liceu

Tempio dell'opera lirica, edificato nel 1638, ha subito per ben due volte nella sua storia l'azione distruttiva del fuoco. I lavori di ricostruzione e restauro seguiti all'incendio del 1994 sono terminati nel 1999.

Mercat de les Flors

Lleida, 59; tel. 93.4261875
M Poble Sec

L'originale ambientazione fornita dal

vecchio mercato dei fiori fa da sfondo a festival di danza, musica e teatro.

Palau de la Música Catalana

Carrer Amadeu Vives, 1
Tel. 93.2957200; **M** *Urquinaona*

Costruito nel 1908 su disegno di Domènech i Montaner, per lungo tempo è stato il principale auditorium di Barcellona, ospitando gli spettacoli del Coro Orfeó e dell'Orchestra Sinfonica.

Poliorama

Rambla, 115; tel. 93.3175579
M *Liceu*

Viene considerato il banco di prova per gli spettacoli di molti registi catalani, che lo scelgono come cornice per il debutto delle loro pièce.

Sala Beckett

Alegre de Dalt, 55 bis
Tel. 93.2957200; **M** *Joanic*

Un piccolo teatro ospitato in un seminterrato nel quartiere di Gràcia. Sul suo palco

si esibiscono alcune tra le migliori compagnie di danza della città.

Teatre Lliure

Plaça Margarida Xirgù, 1
Tel. 93.2892770; **M** *Espanya, Paral·lel*

Edificio sede dell'omonima compagnia di teatro d'avanguardia, famosa grazie alla messa in scena di testi classici rivisitati in lingua catalana. Ospita spettacoli di danza, concerti di musica contemporanea e lettura di poesie.

Teatre Nacional de Catalunya

Plaça de les Arts, 1; tel. 93.3065706
M *Glòries*

Inaugurato nel 1997, il Teatre Nacional è ospitato in un edificio simile a un gigantesco tempio greco bianco. Ospita tre sale dove vengono allestiti spettacoli di prosa, danza, opere liriche e concerti.

Teatre Victoria

Avinguda del Paral·lel, 67
Tel. 93.3299189
M *Paral·lel*

Negli anni in cui il Gran Teatre del Liceu è rimasto chiuso in seguito all'incendio del 1994, il Victoria ha ospitato le principali opere della stagione lirica di Barcellona.

Tivoli

Carrer Casp, 8; tel. 93.2090381
M *Catalunya*

In questo luogo, simbolo della tradizione teatrale barcellonese, si organizzano spettacoli di danza, prosa e concerti.

Alberghi

A Barcellona, divenuta meta commerciale e turistica di primo livello in Europa, e dove quindi è d'obbligo la prenotazione in ogni momento dell'anno (il tutto esaurito si verifica sempre a Capodanno, Pasqua e in agosto), sono almeno 30 i siti internet ufficiali che permettono di prenotare un albergo on line. Interessanti sono anche le sistemazioni nella zona del Villaggio olimpico, non troppo lontano dal centro.

Quanto ai prezzi, sono pari a quelli delle più importanti città europee; per chi vuole spendere meno ci sono gli ostelli della gioventù, presi d'assalto soprattutto nei mesi estivi.

5 STELLE

Arts

Carrer Marina, 19-21
Tel. 93.2211000; fax 93.2211070
M *Marina; www.harts.es*

Un grattacielo di acciaio e vetro, il più alto di tutta la Spagna, ospita questo hotel con 397 camere di grande livello qualitativo.

Casa Fuster

Passeig de Gràcia, 132; tel 93.2553000
M *Passeig de Gràcia*
www.hotelescenter.es/casafuster

Il modernismo nella città simbolo del modernismo. L'hotel Casa Fuster occupa un autentico gioiello del modernismo catalano, un edificio progettato da Lluís Doménech i Montaner, inaugurato nel 1908 e interamente rinnovato nel 2004. Imperdibile il Café Vienes, al piano terra, dove ascoltare buon jazz dal vivo.

Claris

Carrer Pau Claris, 150
Tel. 93.4876262; fax 93.2157970
M *Passeig de Gràcia*
www.derbyhotels.es

Ospitato in un palazzo neoclassico, questo hotel di grande prestigio è il frutto dell'incontro tra l'architettura tradizionale e il miglior design moderno. Le 106 camere sono insonorizzate e arredate con pezzi originali.

El Palace

Gran Via de les Corts Catalanes, 668
Tel. 93.5101130; fax 93.3180148
M *Passeig de Gràcia*
www.ritzbcn.com

Il più lussuoso e prestigioso albergo storico della città. Le 148 camere sono eleganti, spaziose e dotate di ogni comodità. A ciò vanno aggiunti l'ottimo servizio e la cucina d'alta classe proposta dal ristorante interno Diana.

Le Meridien Barcelona

Rambla, 111
Tel. 93.3186200; fax 93.3017776
M *Catalunya, Liceu*
www.lemeridienbarcelona.com

Grande edificio situato nei pressi delle Ramblas. La tranquillità degli ospiti è garantita dall'insonorizzazione delle 212 camere e suite. Ospita un ristorante con specialità tipiche della cucina mediterranea.

Majestic

Passeig de Gràcia, 68
Tel. 93.4881717; fax 93.4881880
M *Passeig de Gràcia*
www.hotelmajestic.es

Elegante albergo dove l'arredamento moderno delle 302 camere contrasta piacevolmente con lo stile più classico dei saloni e dell'ingresso. All'interno alcune prestigiose boutique di moda.

Mandarín Oriental Barcelona

Passeig de Gràcia, 38-40
Tel. 93.1518888
M *Passeig de Gràcia*
www.mandarinoriental.com/barcelona

La lussuosa catena Mandarín Oriental ha aperto il suo primo hotel in Spagna, proprio nel cuore del quartiere modernista di Barcellona. Situato sul Passeig de Gràcia, l'hotel offre agli ospiti l'esperienza del lusso e l'eleganza europea, con un tocco di innovazione e massimo comfort.

Rey Juan Carlos I

Avinguda Diagonal, 661-671
Tel. 93.3644040; fax 93.3644264
M *Zona Universitaria*
www.hrjuancarlos.com

In una grande torre circondata da piacevoli spazi verdi e giardini nei quali è situata anche una piscina. Ottimo e cortese il servizio; incantevole la vista sulla città dagli ultimi piani.

W Hotel

Plaça de la Rosa dels Vents, 1
Tel. 93.2952800; www.w-barcelona.com

La nuova icona dello skyline di Barcellona: di fronte al mare, la vela di questo hotel progettato dall'architetto catalano Ricardo Bofill. Ha 473 stanze (di cui 67 suite), un ristorante diretto dallo chef Carlos Abellan, piscina e lounge bar sulla spiaggia, spa e palestra con vista sul mare, e un raffinato bar al 26° piano.

4 STELLE

Alexandra

Mallorca, 251
Tel. 93.4677166; fax 93.4880258
M *Passeig de Gràcia, Diagonal*
www.hotel-alexandra.com

In posizione centrale, un hotel frequentato sia da uomini d'affari sia da turisti. Dispone di 75 camere, sala riunioni, negozi, parcheggio.

Ambassador

Carrer Pintor Fortuny, 13
Tel. 93.3026643; fax 93.3027977
M *Catalunya, Liceu*
www.rivolihoteles.com

Camere spaziose e confortevoli, con arredi moderni; offre alla clientela d'affari sale per riunioni e conferenze. Chi è in vacanza o vuole regalarsi una pausa dal lavoro può godere della bella piscina all'aperto.

Avenida Palace

Gran Via de les Corts Catalanes, 605
Tel. 93.3019600; fax 93.3181234
M *Passeig de Gràcia*
www.husa.es

Le 159 camere sono arredate in stile tradizionale, con un'attenzione forse eccessiva per lo sfarzo dei decori. In posizione centrale, dispone di un ristorante interno di ottima cucina, francese e spagnola.

Barcelona Hilton

Avinguda Diagonal, 589-591
Tel. 93.4957777; fax 93.4957700
M *Maria Cristina*
www.hilton.com

Un edificio modernissimo, con interni dal design accurato teso a soddisfare le esigenze di una clientela d'affari. 287 stanze e ben 15 saloni per riunioni, oltre a ristoranti, negozi e una palestra.

Barcelona Plaza

Plaça d'Espanya, 6-8
Tel. 93.4262600; fax 93.4260400
M *Espanya*
www.hoteles.catalonia.es

Un albergo moderno, ideale per chi viaggia per lavoro. Dispone di 338 camere e di suite con ufficio. Una sauna, il solarium e la palestra completano l'offerta.

Colón

Avenida Catedral, 7
Tel. 93.3011404
www.hotelcolon.es

Un hotel classico, situato proprio di fronte alla cattedrale, e che annovera tra i suoi clienti molti intellettuali e artisti, come Francis Ford Coppola, Jane Fonda o Noah Gordon.

Condes de Barcelona

Passeig de Gràcia, 75
Tel. 93.3026643; fax 93.4674785
M *Passeig de Gràcia*
www.condes.barcelona.com

Bella la vista sul passeig de Gràcia che si gode dalla piscina di questo albergo ospitato in un edificio modernista. Le camere sono 109, tutte insonorizzate e accuratamente arredate.

España

Carrer Sant Pau, 9
Tel. 93.3181758; fax 93.3171134
M *Liceu*
www.hotelespanya.com

A poca distanza dalle Ramblas, un palazzo di fine Ottocento in stile modernista con 90 camere, che conserva il fascino e l'atmosfera rétro di quando era frequentato da artisti e letterati spagnoli, con ancora le decorazioni originarie.

Eurostars BCN Design

Passeig de Gràcia, 29-31
Tel. 93.3444555
M *Passeig de Gràcia*
www.eurostarsbcndesign.com

Design e modernità estrema in questo hotel della catena Eurostars. Sulla terrazza, con un'incredibile vista sulla città, i clienti dell'hotel possono rilassarsi immersi in una vasca idromassaggio.

Expo Hotel

Carrer Mallorca, 1
Tel. 93.6003020; fax 93.2927960
M *Sants Estació*
www.expogrupo.com

Nei pressi della stazione ferroviaria di Sants, offre ogni tipo di comodità. Le 435 camere sono estremamente pratiche. Grandi sale per riunioni, congressi e convegni, piscina scoperta e ristorante.

Fira Palace

Avinguda Rius i Taulet, 1
Tel. 93.4262223; fax 93.4248679
M *Espanya*
www.fira-palace.com

Anche questo moderno e funzionale hotel è stato ideato per una clientela d'affari, essendo vicino al Recinto Ferial e al Palazzo dei Congressi. Piscina coperta, palestra e due ottimi ristoranti.

Gallery

Carrer Rosselló, 249
Tel. 93.4159911; fax 93.4159184
M *Diagonal*
www.galleryhotel.com

Nel cuore della zona degli affari e degli uffici, dispone di 108 camere comode, insonorizzate e spaziose. A disposizione sauna, piscina, palestra e una terrazza per pranzare all'aperto.

Gran Hotel Catalonia

Balmes, 142-146
Tel. 93.4159090
M *Provença*

Situato in posizione centrale, dispone di camere confortevoli arredate con gusto. Costituisce una scelta ottima nella sua categoria per il rapporto qualità/prezzo.

Gran Hotel Havana

Gran Via de les Corts Catalanes, 647
Tel. 93.6003020; fax 93.4122611
www.granhotelhavana.com
M *Passeig de Gràcia, Urquinaona*

Le 145 camere di questo hotel sono arredate secondo il design catalano moderno. Ricavato in un edificio del 1872, ha una grande vetrata che domina l'ingresso.

L'Illa Husa
Avinguda Diagonal, 555
Tel. 93.4103300; fax 93.4108892
M *Maria Cristina*

Alloggiato all'interno di un moderno centro commerciale. Alcune delle 103 confortevoli camere sono affacciate sull'animato corso mentre quelle agli ultimi piani offrono una bella vista sui grattacieli.

Melià
Avinguda Sarrià, 50
Tel. 93.4106060; fax 93.4106173
M *Maria Cristina*
www.solmelià.es

In felice posizione, vicino a numerosi ristoranti e negozi oltre che al centro fieristico. Le camere dei piani alti offrono una splendida vista sulla città. Il ristorante interno Artemis è luogo di ritrovo abituale dei personaggi più noti della città.

Regente

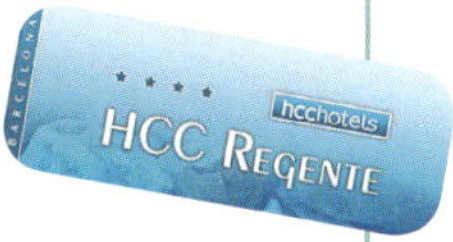

Rambla de Catalunya, 76
Tel. 93.4875989
Fax 93.4873227
M *Passeig de Gràcia*
www.hoteles-centro-ciudad.es
regente@inf.entorno.es

78 camere per questo albergo in stile modernista, con belle vetrate e pregevoli decori. All'ultimo piano, terrazza pensile con piscina scoperta.

Rívoli Ramblas
Rambla dels Estudis, 128
Tel. 93.4817676
Fax 93.3175053
M *Catalunya*
www.hotelrivoliramblas.com
reservas@rivolihotels.com

Elementi architettonici classici, particolari art déco e oggetti di design moderno figurano in questo edificio con 143 camere, sauna e solarium.

Silken Ramblas
Carrer del Pintor Fortuny, 13
Tel. 93.3426180
M *Catalunya, Liceu*
www.hoteles-silken.com

A pochi metri dalle Ramblas, l'hotel Silken è un'alternativa per chi desidera alloggiare al centro del fermento e della vitalità delle vie più frequentate di Barcellona senza rinunciare alla tranquillità e al comfort. All'ultimo piano si trova la piscina, con un'incredibile vista sulla città.

Zenit Borrell
Comte Borrell, 208
Tel. 93.4525566
M *Hospital Clinic*
www.zenithoteles.com

Hotel moderno e funzionale, situato nell'area delle attività finanziarie di Barcellona. È la sistemazione ideale per coloro che preferiscono sistemarsi in una zona più tranquilla della città, ma allo stesso tempo molto ben servita dai mezzi di trasporto pubblici.

Alberghi

3 STELLE

Abbot

Avinguda de Roma, 23
Tel. 93.4300405;
Fax 93.4195741
www.hotelabbotbarcelona.com
M *Sants Estació*

Ideale per chi viaggia per affari, sia per la posizione strategica sia per le efficienti dotazioni. Le 42 camere sono arredate con gusto moderno e attenzione per il comfort.

Atlantis

Carrer de Pelai, 20
Tel. 93.3189012
Fax 93.4120914
M *Catalunya*
www.hotelatlantis-bcn.com

Questo albergo, situato proprio nel cuore della città, a due passi dal MNAC, è stato ricavato in un edificio lungo e stretto. Dispone di 42 camere semplici e confortevoli.

Barceló Sants

Plaça del Països Catalans s/n
Tel. 93.5035300; fax 93.4906045
M *Sants Estació*
hotelbsants@barceloclavel.com

Proprio sopra la stazione ferroviaria più importante di Barcellona. Le 364 camere sono comode e ben attrezzate.

Catalunya Plaça

Plaça de Catalunya, 7
Tel. 93.3177171; fax 93.3177855
M *Catalunya*
www.city-hotels.es

Piccolo hotel, nel cuore della città, che dispone di 46 camere comode, alcune delle quali affacciate sulla piazza.

Catalonia Roma

Avinguda de Roma, 31
Tel. 93.4106633; fax 93.4101352
M *Sants Estació*

Non lontano dalla stazione ferroviaria di Barcelona-Sants, offre 49 camere funzionali e comode, arredate secondo diversi stili.

Continental

Rambla, 138
Tel. 93.3012570; fax 93.3027360
M *Catalunya*
www.hotelcontinental.com

Albergo storico, che ospitò George Orwell e la moglie ai tempi della guerra civile, e che occupa gli ultimi piani di un bell'edificio affacciato sulla Rambla.

Derby

Carrer Loreto, 21-25
Tel. 93.3223215; fax 93.3215179
M *Hospital Clinic*
www.derbyhotels.es

Moderno hotel situato in una tranquilla via a pochi passi dalla avinguda Diagonal. 107 camere e un salone per banchetti e conferenze.

Duques de Bergara

Carrer Bergara, 11
Tel. 93.3015151; fax 93.3173442
M *Catalunya*
www.hoteles-catalonia.es

Un edificio di fine Ottocento ospita questo albergo centrale e modernissimo. Colpiscono l'ingresso con porte in legno intagliato, una bella vetrata art déco e i saloni spaziosi e arredati in modo funzionale e moderno.

Gaudí

Nou de la Rambla, 12
Tel. 93.3179032; fax 93.4122636
M *Liceu; www.hotelgaudi.es*

Albergo centrale dotato di parcheggio, palestra e sala riunioni. Situato di fronte al Palau Güell.

Gótico

Carrer Jaume I, 14
Tel. 93.3152211; fax 93.3104081
M *Jaume I; www.hotelgotico.com*

Hotel vecchio stile, rinomato e confortevole, situato nel centro della città, offre 81 camere semplici ma curate.

Gran Hotel Barcino

Carrer Jaume I, 6
Tel. 93.3022012; fax 93.3014242
M *Jaume I*
www.hotelbarcino.com

Dal 1996 questo elegante albergo del centro cittadino offre camere confortevoli, arredate con cura secondo i principi del moderno design.

Granvía

Gran Via de les Corts Catalanes, 642
Tel. 93.3181900; fax 93.3189997
M *Passeig de Gràcia*
www.nnhotels.com/es/hotelgranvia

Un bel palazzo dell'Ottocento che conserva buona parte degli eleganti arredi e delle decorazioni originarie. Dispone di 53 camere, semplici e confortevoli, negozi, sala riunioni e una bella terrazza panoramica.

Inglaterra

Pelai, 14
Tel. 93.5051100
M *Catalunya*
www.hotel-inglaterra.com

Una collocazione perfetta, in una delle vie più commerciali del centro città e a pochi metri dalla plaça de Catalunya, per questo hotel ospitato in un edificio storico recentemente restaurato. Tutte le stanze, attrezzate secondo gli standard richiesti per un hotel della categoria, sono state ristrutturate negli ultimi anni seguendo uno stile confortevole e piacevole.

Montecarlo

Rambla, 124
Tel. 93.4120404; fax 93.3187323
M *Catalunya, Liceu*
www.montecarlobcn.com

Un edificio in stile modernista affacciato sulla mai quieta Rambla ospita questo albergo di medie dimensioni; purtroppo le camere sulla strada sono abbastanza rumorose.

N.H. Calderón

Rambla de Catalunya, 26
Tel. 93.3010000; fax 93.4120120
M *Passeig de Gràcia*

Albergo centrale e comodo con palestra, una piscina coperta e scoperta e sauna. L'arredo è ispirato alle linee del design moderno.

N.H. Fórum

Carrer Equador, 20
Tel. 93.4193636; fax 93.4198910
M *Plaça del Centre*

Buon rapporto qualità/prezzo per questo hotel appartenente a una delle più importanti catene alberghiere spagnole: una sistemazione comoda ma non troppo cara.

Nouvel

Santa Anna, 20
Tel. 93.3018274; fax 93.3018370
M *Catalunya*
www.hotelnouvel.es

Albergo in stile art nouveau, costruito all'inizio del Novecento in uno dei suggestivi vicoli del Barri Gòtic. Le 54 camere sono comode e ben attrezzate.

Oriente Husa

Rambla, 45
Tel. 93.3022558; fax 93.4123819
M *Liceu*

Grande albergo ricco d'atmosfera, ricavato in un ex convento francescano, con il chiostro, il refettorio e le aule di studio. Le 142 camere sono arredate in modo da mantenere il fascino del luogo.

Regencia Colón

Carrer Sagristans, 13-17
Tel. 93.3189858; fax 93.3172822
M *Jaume I*
www.hotelregenciacolon.com

Nei pressi della cattedrale, dispone di 55 camere semplici ma confortevoli.

Rialto

Carrer Ferran, 42
Tel. 93.3185212; fax 93.3185312
M *Jaume I*
www.hotel-rialto.com

Ottimamente posizionato tra la Rambla e plaça Sant Jaume, questo spazioso albergo è stato ricavato dalla sapiente ristrutturazione della casa natale di Miró. Le camere sono confortevoli, gli spazi comuni arredati con materiali semplici tra cui il legno.

Suizo

Plaça del Àngel, 12
Tel. 93.3106108; fax 93.3150461
M *Jaume I*
www.hotelsuizo.com

Le 50 camere sono confortevoli e gradevoli. All'interno un bar e un ristorante di cucina mediterranea e internazionale.

2 STELLE

Citadines Barcelona Ramblas

Rambla, 122
Tel. 93.2701111; fax 93.4127421
M *Catalunya; www.citadines.com*

Oltre alle 131 camere con ogni comfort, grandi e moderne, questo albergo situato sulla centralissima e sempre vivace Rambla; offre anche appartamenti.

Cuatro Naciones

Rambla, 40
Tel. 93.3173624; fax 93.3026985
M *Liceu*
www.h4n.com

Nel cuore della città vecchia, sorge questo modesto albergo, ospitato in un edificio storico e dotato di 34 stanze semplici e confortevoli.

Mesón de Castilla

Valldonzella, 5
Tel. 93.3182182
Fax 93.4124020
M *Universitat, Catalunya*
www.mesoncastilla.com
hmesoncastilla@teleline.es

56 camere funzionali in un pittoresco albergo di stile castigliano, situato in una piccola via non lontano dalla centralissima plaça de Catalunya.

Paseo de Gràcia

Passeig de Gràcia, 102
Tel. 93.2155824; fax 93.2153724
M *Diagonal*

Dalle camere agli ultimi piani di questo piccolo hotel si gode una bella vista della città. Il buon rapporto qualità/prezzo lo rende uno degli alberghi più frequentati dai turisti.

Reding

Carrer Gravina, 5
Tel. 93.4121097; fax 93.2683482
M *Universitat*
www.hotelreding.com

Albergo moderno, dotato di 44 camere confortevoli e spaziose. Vicino a plaça de Catalunya, è un buon punto di partenza per la scoperta della città.

1 STELLA

Inglés

Carrer Boqueria, 17
Tel. 93.3173770; fax 93.3027870
M *Liceu*
www.hotel-ingles.com

Piccolo albergo posto nel Barri Gòtic, vicino alla cattedrale. Le 28 camere sono grandi e tranquille.

Internacional

Rambla, 78-80
Tel. 93.3022566; fax 93.3176190
M *Liceu*

Un albergo dell'Ottocento nel cuore della città, con una grande e lussuosa hall

e 60 camere spaziose e pulite. Le stanze sulla Rambla sono piuttosto rumorose ma hanno una bella vista sulla via.

Jardí
Plaça Sant Josep Oriol, 1
Tel. 93.3015900; fax 93.3183664
M *Liceu*
www.eljardi-barcelona.com

Questo albergo ha una bellissima facciata antica e 40 camere funzionali, semplici e pulite. Bella vista sulla piazza.

Neutral Hostal
Rambla de Catalunya, 42
Tel. 93.4876390; **M** *Passeig de Gràcia*

Piccolo albergo dall'atmosfera familiare e simpatica. Le 28 camere hanno a volte alti soffitti e piastrelle all'antica.

Oliva Hostal
Passeig de Gràcia, 32; tel. 93.4880162
M *Catalunya, Passeig de Gràcia*
www.hostaloliva.com

Al quarto piano di un vecchio edificio, atmosfera rétro e accoglienza simpatica. Le 16 camere sono grandi e arredate in modo diverso.

Pelayo
Carrer de Pelai, 9
Tel. 93.3023727; fax 93.3027268
M *Catalunya; www.hotelpelayo.com*

Al primo piano di un edificio vicino a plaça de Catalunya, questo tranquillo e piacevole albergo dispone di camere confortevoli e pulite.

Peninsular
Carrer Sant Pau, 34
Tel. 93.3023138; fax 93.4123699
M *Liceu*
www.hotelpeninsular.net

Sistemazione economica e centrale, semplice e senza troppe pretese. Alle 60 camere si accede da corridoi che si dipartono da un cortile interno ornato da piante.

Rey Don Jaime I
Carrer Jaume I, 11
Tel. e fax 93.3106208
M *Jaume I*
r.d.jaime@atriumhotels.com

In bella posizione nel cuore del Barri Gòtic, un piccolo e amabile hotel con 30 camere semplici.

Roma Reial
Plaça Reial, 11
Tel. 93.3020366; fax 93.3011839
M *Liceu*
www.hotel-romareial.com

Alloggiato in un edificio storico con vista sulla plaça Reial, ha 52 camere semplici ed essenziali.

Gli ostelli

Una soluzione economica per soggiornare a Barcellona è costituita dagli ostelli della gioventù. Alcuni aderiscono alla IYHF, altri sono indipendenti: i primi garantiscono un buon livello qualitativo anche se nei periodi di grande afflusso turistico è consentito soggiornarvi per non più di 3 giorni. Di seguito proponiamo gli ostelli della IYHF e, tra quelli indipendenti, i più centrali.

Ostelli IYHF

Alberg Internacional 2

Passeig de Colom, 9; tel. 93.3180567; **M** *Drassanes*

Di fronte al Port Vell sul quale sorgono il grande centro commerciale Maremagnum e l'acquario.

Alberg Pere Tarrés

Carrer Numància, 149; tel. 93.4102309

M *Maria Cristina*

Aperto nel 1981, è stato il primo ostello della gioventù della città.

Ostelli indipendenti

Albergue de la Juventud Kabul

Plaça Reial, 17;tel. 93.3185190

M *Drassanes, Liceu; www.kabul.es*

È sicuramente il meglio ubicato. Alcune camerate affacciano sull'affascinante Plaça Reial. Tra i servizi: lavanderia, bar, biliardo, maxi schermo, sala comune con diversi computer con accesso a internet e cucina con piatti abbastanza buoni ed economici. La colazione non è compresa nel prezzo. I posti letto sono in tutto 150, suddivisi in camere da 2, 4, 8 o più letti. È frequentato da una clientela giovane, anche perché non c'è coprifuoco e la mattina è possibile dormire fino a tardi.

Alberg Palau

Palau, 6; tel. 93.4125080; **M** *Jaume I, Liceu; www.bcnalberg.com*

Anche questo ostello, situato in una via piuttosto tranquilla, è apprezzabile per la posizione centrale. Aperto fino alle 3 di notte, mette a disposizione una cucina attrezzata e una sala da pranzo. Camerate da 4 e da 8 letti.

Hostal de Joves

Passeig Pujades, 29; tel. 93.3003104; **M** *Arc de Triomf*

In un edificio moderno affacciato sul parco della Ciutadella. Ha 68 letti suddivisi in camere da 2 a 6 posti. Le docce sono pulite e calde. L'ambiente è simpatico e familiare e una cucina è a disposizione degli ospiti. La sua posizione non proprio centrale e il coprifuoco che scatta a mezzanotte sono i punti dolenti.